Franz X. Bogner
Das Mittelrheintal aus der Luft

Franz X. Bogner

Das Mittelrheintal aus der Luft

THEISS

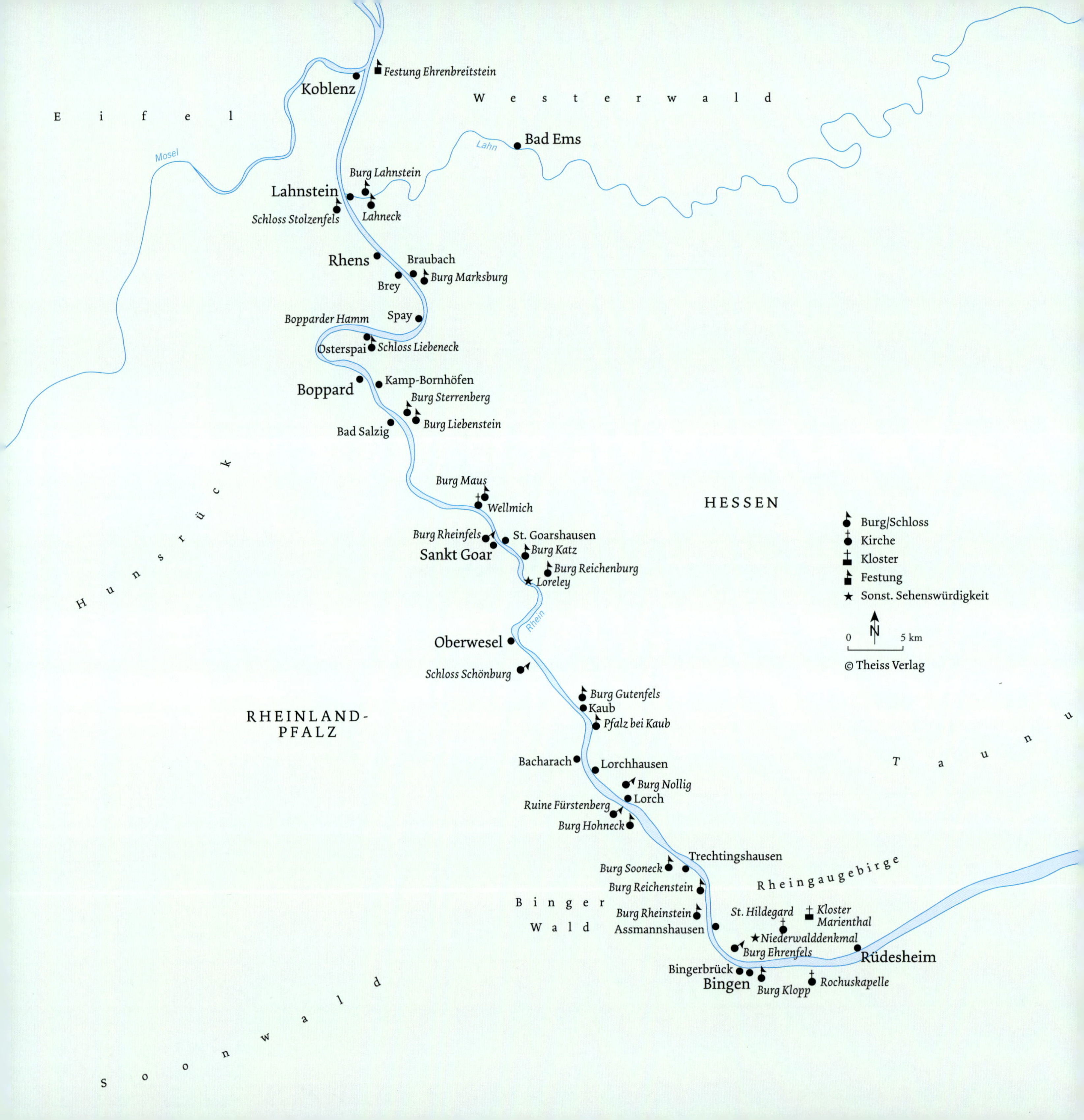
Festung Ehrenbreitstein
Koblenz
W e s t e r w a l d
E i f e l
Bad Ems
Lahn
Mosel
Burg Lahnstein
Lahnstein
Schloss Stolzenfels
Lahneck
Rhens
Braubach
Brey
Burg Marksburg
Bopparder Hamm
Spay
Osterspai
Schloss Liebeneck
Boppard
Kamp-Bornhöfen
Burg Sterrenberg
Burg Liebenstein
Bad Salzig
Burg Maus
Wellmich
HESSEN
Burg Rheinfels
St. Goarshausen
Sankt Goar
Burg Katz
Burg Reichenburg
Loreley
H u n s r ü c k
Rhein
Oberwesel
Schloss Schönburg
Burg Gutenfels
Kaub
Pfalz bei Kaub
RHEINLAND-PFALZ
Bacharach
Lorchhausen
Burg Nollig
Lorch
Ruine Fürstenberg
Burg Hohneck
T a u n u
Trechtingshausen
Burg Sooneck
Rheingaugebirge
Burg Reichenstein
B i n g e r
W a l d
Burg Rheinstein
Assmannshausen
St. Hildegard
Kloster Marienthal
Niederwalddenkmal
Burg Ehrenfels
Rüdesheim
Bingerbrück
Bingen
Burg Klopp
Rochuskapelle
S o o n w a l d
Burg/Schloss
Kirche
Kloster
Festung
Sonst. Sehenswürdigkeit
N
0
5 km
© Theiss Verlag

Inhalt

Geleitwort

Seit gut 200 Jahren besuchen Menschen aus aller Welt das Mittelrheintal, um das einzigartige Zusammenspiel von Landschaft, Kultur, Geschichte und Lebensart in diesem nur rund 65 Kilometer langen Abschnitt des Rheins zwischen Bingen/Rüdesheim und Koblenz zu erleben und zu genießen. Doch in all den Jahrhunderten zuvor diente der Rhein auch in seinem unbestritten schönsten Teilstück fast ausschließlich als Transportweg für Truppen und Waren, Menschen und Güter. An seinen steilen Hängen wuchs Wein, der bis nach England verschifft wurde, der Fluss selbst sicherte Salm- und Aalfischern ihren Lebensunterhalt. Aber wie beschwerlich war wohl damals das Leben am Rhein; und wohl kaum einer der Winzer, Fischer, Flößer, Schiffer und Handelsleute hatte daher einen Blick auf und für die ihn umgebende herrliche Landschaft.

Erst die zu Beginn des 19. Jahrhunderts entstehende Romantik brachte eine Wende. Literaten und Künstler waren die ersten, englische Touristen folgten; und seitdem faszinieren die grandiose Landschaft, die zahllosen Burgen, Kirchen und kleinen Fachwerkstädtchen im Wechsel mit Weinbergen und bewaldeten Hängen beidseits des majestätischen Rheinstroms die Besucher aus aller Welt. Die romantische Wahrnehmung des Mittelrheins ist im Laufe der Jahrzehnte selbst Teil der Landschaft geworden, der „mittelalterliche" Wiederaufbau der Burgen im 19. Jahrhundert oder das „Märchen aus uralten Zeiten", der Mythos der Loreley, sind nur die bekanntesten Beispiele.

Jeglicher Blick auf den Rhein ist dabei ganz einzigartig: Vom Schiff aus schwebt die Landschaft in fast gemächlicher Ruhe vorbei; der Wanderer auf dem Rheinsteig oder dem Rheinburgenweg findet sich plötzlich mitten in steil abfallenden Berghängen wieder; der Fahrradfahrer sieht Städte und Landschaft, Mensch und Natur hautnah an sich vorüberziehen. Doch kaum einer der vielen Millionen Rheinbesucher aus der ganzen Welt hat je den Blick „von oben" genießen können, weiter schauen können, als bis zum nächsten Kirchturm, zur nächsten Rheinschleife. Daher ist es dem renommierten Konrad Theiss Verlag sehr zu danken, dass er – nach mehreren wissenschaftlichen Veröffentlichungen zum Rhein und seiner Geschichte – nun einen Band mit zahlreichen, hervorragend fotografierten Luftbildern des Mittelrheintals herausgibt. Dieser Band eröffnet einen neuen, oftmals atemberaubenden Blick auf den Fluss und seine Seitentäler, die Dörfer und Städte, Weinberge und Waldhänge. Er verschafft Überblick und lässt auch vermeintlich Altbekanntes in ganz neuer Perspektive erscheinen. Die Schönheit des Mittelrheintals wird hier ganz neu erlebbar.

Als die UNESCO das Obere Mittelrheintal im Jahre 2002 zum „Welterbe" ernannte und unter ihren Schutz stellte, haben sich Städte, Gemeinden und Landkreise sowie die Bundesländer Hessen und Rheinland-Pfalz zu einem „Zweckverband Welterbe Oberes Mittelrheintal" zusammengeschlossen, um gemeinsam dafür Sorge zu tragen, dass diese so einzigartige Landschaft bewahrt wird und sich behutsam weiterentwickeln kann. Eine der vornehmsten Aufgaben des Zweckverbandes ist es, Besuchern wie Bewohnern die Augen zu öffnen für die Schönheit dieser historisch gewachsenen Kulturlandschaft und ihres – mit den Worten der UNESCO ausgedrückt – „einzigartigen universellen Wertes". Der vorliegende Band des Konrad Theiss Verlages trägt dazu auf ganz besondere Weise bei.

Ihr
Günter Kern
Landrat des Rhein-Lahn-Kreises
und Vorsitzender
des Zweckverbandes Welterbe Oberes Mittelrheintal

orwort

Zwei Dutzend Luftbildbände unter meiner Autorenschaft konn-
n bislang unter dem gemeinsamen Leitgedanken „Kultur & Natur-
hutz“ die Besonderheiten von ausgewählten Regionen portraitie-
n und damit auch ihrem Schutz nachhaltigen Vorschub leisten.
it im Jahre 1901 ein emigrierter Mittelfranke (aus Leutershausen)
den USA (Long Island) erfolgreich einen allerersten Motorflug
solvierte, ist Fliegen von Jahr zu Jahr einfacher geworden. Den-
och ist es immer noch etwas Besonderes, mit einer einmotorigen
aschine vom Boden abzuheben und eigentlich Altbekanntes und
tvertrautes aus einer neuen Perspektive sehen zu können. Die un-
ewohnte Perspektive ist es auch, die uns wieder genauer hinschau-
lässt, die uns damit helfen kann, Kultur und Natur besser zusam-
enzubringen und dabei vor allem die Natur besser schützen helfen
sst. Mittelfristig sollten Naturbanausen gesellschaftlich ebenso
ewertet werden dürfen wie dies heute gottlob mit Kulturbanausen
hon der Fall ist!

Gute Luftbildfotografie ist mehr als am Bildschirm Google Earth
sehen. Es hat etwas mit dem besonderen ästhetischen Reiz zu tun,
üne Natur künstlerisch ansprechend einzufangen. Dabei muss eine
eidimensionale Gegenständlichkeit zweidimensional abgebildet
erden, die sich ganz den Farben, Linien oder Flächen in all ihren
riationen widmet und im Sinne einer optischen Harmonie für eine
eidimensionale Illusion neu austariert. Licht und Schatten spielen
abei eine bedeutende Rolle; sie bringen nicht nur Leben ins Bild,
e lassen Natur oft auch in einem neuen, ja innovativen Licht er-
heinen, sie bringen auch meistens neues Leben in unsere Sichtwei-
von Natur. Luftbildfotografie kann daher mehr als eine reine
bbildung von Natur sein, sie kann auch sehr helfen, neue Dinge in
r Landschaft zu entdecken und letztlich besser verstehen zu lernen.
ie Natur hat durch unser Zutun bereits beachtliches Fieber, über-
ben könnte sie auch ohne uns. Wir sollten daher endlich lernen,
e vielen einzelnen Bilder der Natur zu einem Ganzen zusammen-
zusetzen und nicht fortfahren, Einzelfacetten der Natur nur auszu-
nutzen und zu hoffen, die große Gesamtheit würde es vielleicht nicht
merken. Der ästhetische Reiz des Ganzen, jenseits der Schatten und
Sonnenseiten, der Flächen und Formen, der Linien und chaotischen
Strukturen, er muss es sein, der uns aufrüttelt von dem allseits stu-
piden Anbeten des Goldenen Kalbes, von den seltsamen Heilsbot-
schaften der Wachstumszauberlehrlinge (denen Natur nicht viel gilt).

Gute Luftbildfotografie kann uns eine Ahnung von dem großen
Reiz geben, uns etwas zu zeigen, was wir längst zu kennen glauben,
aber in unserer trügerischen Alltagsvertrautheit letztlich doch immer
wieder übersehen. Sie kann uns wieder eine Idee über die Offenheit
unserer längst vergessenen Biophilie (Liebe zum Lebendigen) geben
- und die „Verunklärung“ unserer vermeintlich klaren Umgebung
überwinden helfen.

Fotografie kommt vom „Zeichnen mit Licht“. Bei einer längst
vergangenen Daguerreotypie mag dies noch simpel gewesen, Photo-
nen schwärzten chemische Kristalle und das Schwarzweiß mit
ursprünglich nicht einmal vielen Grautönen war fertig. Fotografie
kann heute längst mehr, sie kann im wahrsten Sinne des Wortes mit
Licht zeichnen, mit dem Lichtpinsel Emotionen ins Bild bringen und
so unsere vertraute Umgebung in einem anderen Licht erscheinen
lassen. Heute erwartet man zu Recht ein gut komponiertes Bild mit
einem emotional gefühlsvoll geführten Farb- und Lichtpinsel.

Meinen besonderen Dank möchte ich an meine Piloten ausspre-
chen, insbesondere Herrn Krämer und Herrn Macht. Deutsche
Wettersituationen fordern meist kurzfristige Abstimmung, bis die
vielen Bilder dieses Buches gesammelt waren. Ein zweiter Dank ge-
bührt den Verantwortlichen des Welterbes Oberes Mittelrheintal,
insbesondere Herrn Raab und Frau König-Lehrmann. Last but not
least, gebührt mein besonderer Dank dem Theiss-Verlag, der nun-
mehr meinen zweiten Luftbildband im Hause Theiss herausbringt.
Viel Freude mit diesem Luftbildband!

Ein Almanach des Welterbes

Der Rhein ist der deutsche Fluss schlechthin und dies, obwohl er in der Schweiz entspringt und in den Niederlanden mündet. Der Volksmund spricht gar liebevoll vom Vater Rhein. Sein Tal gilt mit den hochrangigen Baudenkmälern, den rebenbesetzten Hängen, den zusammengedrängten Siedlungen auf schmalen Uferleisten und den zahlreichen Felsvorsprüngen als Inbegriff der Romantik und romantischer Rheinlandschaft. Auch andere Abschnitte des Rheins haben eigene Namen, es gibt den Hochrhein, den Oberrhein und den Niederrhein. Der Mittelrhein umfasst den Rhein zwischen Bingen/Rüdesheim und Bonn, der Eingang in das Rheindurchbruchstal ist unübersehbar. Seit 2002 hat das Tal den begehrten UNESCO-Welterbe-Status, genauer gesagt wurde das Obere Mittelrheintal von Bingen bis Koblenz damit ausgezeichnet. So hat es den gleichen Rang wie die Pyramiden in Ägypten, der Grand Canyon in Arizona oder die Chinesische Mauer.

Die Rheinromantik umschreibt eine Geisteshaltung im 19. Jahrhundert. Damals suchte man mit der Glorifizierung von Naturverbundenheit und Geschichte einen Gegenpol zur beginnenden Industrialisierung mit all ihren negativen Begleiterscheinungen zu schaffen. Insbesondere „raue und wilde Gegenden" wurden bewundert, weil sie am leichtesten vom tristen Alltag ablenken konnten. Im Falle des Mittelrheins wurde die Natur dabei in einer Einheit mit den Spuren kühner Geschichte gesehen, die Burgen auf den diversen Felsen über dem Rhein als Denkmale der menschlichen Heldenzeit betrachtet. Besonders englische Aristokratensöhne entdeckten den Mittelrhein. Sie brachten

Besonders bei Niedrigwasser im Herbst sind nicht wenige Sandbänke zu sehen. Sie verdeutlichen, dass das Befahren des Rheins immer noch eine anspruchsvolle Angelegenheit darstellt (links).
Jeder Quadratmeter scheint genutzt: Der Rhein beansprucht fast den gesamten Talboden, der Weinbau die oft steilen Hänge und die Landwirtschaft die Hochfläche. Dennoch erobert die Natur kleine Landzungen immer wieder erfolgreich zurück (unten).

Besonders im Frühjahr und im Herbst erscheint das Tal alltäglich wie mit Morgennebel abgefüllt zu sein.
Oft erst in den Nachmittagsstunden hat sich die Sonne durchgekämpft (links).
Der Talboden des Mittelrheins reicht meistens nur für eine Straße, einen Schienenstrang und eine Häuserzeile.
Dahinter steigen steile Weinberge an (rechts).

Für Niedrigwassertage ist mit Buhnen, die das Flussbett einengen, vorgesorgt, die den Schiffen immer genügend Wasser unter dem Kiel geben (unten).
Nicht wenige Ortschaften sind eine schlichte Straßenzeile, mehr Platz ist nicht vorhanden (rechts).

Dichtugen, Erzählungen, Reiseberichte und Bilder mit nach Hause und fachten dort eine wahre Sehnsucht nach dem Rhein an: *Gothic Novels* bekamen eine ungeahnte Popularität. Wer etwas auf sich hielt und wer in den diversen Salonrunden mitreden wollte, musste am Mittelrhein gewesen sein. Zuvor war das Tal eher eine Durchreiseregion auf klassischen Bildungsreisen nach Italien gewesen, jetzt wurde (auch) das felsige Mittelrheintal mit seinen vielen verfallenen Burgruinen obligatorisch.

Nur drei Protagonisten sollen besonders herausgegriffen sein: Lord George Byron (1788-1824), William Turner (1775-1851) und William Tombleson (1795-1846). Alle drei machten auf ihre Art die Rheinlandschaft in England besonders populär:

– Lord Byron wurde schon durch sein Erstlingswerk *Childe Harold's Pilgrimage* über Nacht bekannt („Eines Morgens wachte ich auf und war berühmt"). In einer melancholischen Verserzählung beschrieb er die Reisen eines jungen Mannes, der seines Luxuslebens überdrüssig war und den es in ferne Länder zog. Das Werk hat stark autobiografische Züge seiner ersten großen Kavalierstour.

– William Turner zählt zu den größten englischen Malern, besonders Schiffe, Wasser und dramatische Naturszenen inspirierten ihn. Er schuf im Laufe seines Lebens eine Unzahl von Bildern, allein dem englischen Staat hinterließ er in seinem Testament mehr als 20 000 Werke. Er legte ganz besonderen Wert auf Farben: Seine Sonnenuntergänge und grandiosen Abendstimmungen spiegelten eine nie dagewesene Pracht, alle möglichen Schattierungen von Rot, Orange und Violett, gelegentlich auch Blau und Grün waren vertreten. Seine Spätwerke wurden zum Vorbild mancher Impressionisten. Nach seiner Schaffensphase über Waterloo konzentrierte sich der Künstler vollständig auf den Rhein und schuf Serien von Flussaquarellen, die Stimmung und Realität (Dichtung und Wahrheit) vereinigten.

– William Tombleson war Zeichner, Kupfer- und Stahlstecher sowie Verleger; vor allem seine Landschaftsdarstellungen und -beschreibungen waren Legion. Das 1826 in London patentierte Stahlstichverfahren erlaubte präzise Darstellungen und gestattete vor allem hohe Auflagen von einer einzigen Vorlage. Der erste Band seines Reiseführers *Views of the Rhine* enthielt 69 Stahlstichansichten. Verschiedene Bücher mit malerischen Ansichten des Rheins folgten, manche sagen, dass von ihm die besten Vorlagen für Mittelrhein-Darstellungen aus der Zeit der Rheinromantik stammen.

Der Mittelrhein nennt ein nicht unbedeutendes Weinbaugebiet sein eigen. Wer die vielbesungene Rhein-Romantik im Wein sucht, der ist am Mittelrhein richtig. Die Winzer des Mittelrheins werben mit dem „Zweiklang Landschaft und Wein“. Steile Weinberge geben Jahr für Jahr die Grundlage für einen guten Tropfen. Hier wirken mineralreiche Schieferböden und klimatisch günstige Verhältnisse zusammen; vom Süden kommt milde Luft, Westwinde sind häufig gut abgeschirmt. Die meist steilen Weinbergterrassen kleben oftmals wie Schwalbennester an den Talwänden und bieten über lange Monate nahezu äquatoriale Sonnenstandbedingungen, ausreichende Niederschläge den ganzen Sommer über erlauben eine optimale Nutzung durch die Reben. Der Rhein dient als Wärmespeicher und wirkt damit temperaurausgleichend, die windgeschützten Felsen nehmen schnell die Sonnenwärme des Tages auf. Zudem sind die Winter sehr moderat, das Frühjahr setzt früh ein und die Vegetation profitiert bis in den Spätherbst hinein von dem milden Klima; ein goldener Oktober kann die Kraft der Reben noch besonders vervollkommnen. Es herrschen ideale Wachstumsbedingungen für den Riesling, aber auch für den Müller-Thurgau, Kerner, Grau- und Weißburgunder. Bei den roten Rebsorten dominieren vor allem Spätburgunder, Dornfelder und Portugieser. Ein nicht zu kleiner Teil der Riesling-Ernte wird zu Sekt verarbeitet.

Die Kulturlandschaft des Oberen Mittelrheintals ist seit 200 Jahren der Anziehungspunkt für Touristen und heute die Heimat von knapp einer halben Million Menschen. Im Herzen Europas gelegen war sie beides zugleich, Grenze und Brücke, und spiegelt damit die Geschichte des Abendlandes

Wasserweg, Straßenband und Schienenstrang – man kommt auch mit wenig Platz aus! (links)
Auf dem Wasser muss ein Überholen möglich sein, denn Ausflugsschiffe wollen es gemütlicher angehen, damit ausreichend Zeit zum Schauen bleibt (unten).

Die heutige Ruine Ehrenfels war einst eine mächtige Zollburg mit fast 5 m dicken Mauern. Selbst als Ruine mit ihren beiden 33 m hohen Ecktürmen fordert Ehrenfels Respekt ein, Zoll zahlen muss dennoch keiner mehr (unten).
Auch die Pfalz bei Kaub hatte nur einen einzigen Zweck: Zoll von den vorbeifahrenden Schiffen für den wittelsbachischen Pfalzgrafen zu erheben (rechts).

exemplarisch wider. Dieser besondere Rheinabschnitt wird im Norden durch Koblenz und im Süden durch Bingen und Rüdesheim begrenzt. Er wird besonders wegen seiner Kulturlandschaft mit der großen Vielfalt und Schönheit geschätzt, sowohl im Hinblick auf die Kultur als auch auf die Natur. Als Welterbe-Stätte kann sie ebenso auf die natürliche Ausformung der Flusslandschaft verweisen wie auf die Jahrtausende lange Gestaltung durch den Menschen. Das Obere Mittelrheintal ist zweifellos der prominenteste Abschnitt des gesamten Stromverlaufs, er wurde sozusagen stellvertretend für den ganzen Rhein in die Liste des Welterbes aufgenommen.

Das Welterbe wurde 1972 auf einer UNESCO-Konferenz in Paris ins Leben gerufen. Die zündende Leitidee der Konvention war die „Erwägung, dass Teile des Kultur- oder Naturerbes von außergewöhnlicher Bedeutung sind und daher als Bestandteil des Welterbes der ganzen Menschheit erhalten werden müssen." Seither führt die UNESCO eine Liste des Weltdokumentenerbes. Weltweit sind nahezu 1 000 Denkmäler in 148 Ländern, davon 689 als Kulturdenkmäler und 176 als Naturdenkmäler gelistet. Den letzten Anstoß zur Schaffung der Welterbe-Konvention gab der Bau des Assuan-Staudamms, durch den es die Tempel von Abu Simbel und Philae vor der Überflutung zu retten galt; für 80 Millionen $ wurden diese damals landeinwärts versetzt. Seit 1978 werden in Deutschland Jahr für Jahr ausgewählte Kultur- und Naturstätten unter Schutz gestellt, angefangen vom Aachener Dom (1978) bis zum Wattenmeer (2009). Nur zweimal wurde bislang weltweit der gewährte Status wieder entzogen, einmal davon in Deutschland im Falle der Kulturlandschaft des Dresdner Elbtals (2009); hier wollte man nicht vom Bau der Waldschlößchen-Brücke durch das Elbtal abrücken und nahm die Aberkennung billigend in Kauf.

Das obere Mittelrheintal möchte solche Probleme im Hinblick auf den UNESCO-Status bewusst vermeiden. Bereits bei der Zuerkennung war der bestehende Verkehrslärm im Tal Thema, er wird zu einem erheblichen Anteil auch durch den Zugverkehr erzeugt. Konkrete Maßnahmen zur Abhilfe wurden aber weder empfohlen noch gefordert. Darüber hinaus zeigt ein Blick auf die Landkarte, dass es auf der gesamten gut 100 km langen Mittelrheinstrecke keine einzige Rheinbrücke gibt. Die Querung des Rheins wird derzeit mit verschiedenen Fährlinien sichergestellt. Daher ist es nicht verwunderlich, dass man sich zumindest zwischen St. Goar und St. Goarshausen eine Brücke wünscht, also etwa auf halber Strecke dieser 100 km. Einschlägige Planungen zu der Mittelrheinbrücke gibt es schon länger, die Kosten bleiben an den Land-

Was wäre der Mittelrhein ohne die Loreley? An diesem mächtigen Schieferfelsen rieben sich so manche Dichter der Romantik. Es gibt wohl kaum einen Schüler, der nicht Heinrich Heines „Ich weiß nicht, was soll das bedeuten“ gelesen oder auswendig gelernt hat (links).
Das deutsche Eck an der Moselmündung in Koblenz war gegen 1900 vor allem eine monumentale Machtdemonstration Preußens am Rhein. Das kolossale Kaiser-Wilhelm-Denkmal verkündete mit bronzener Botschaft den Nationalismus in der preußischen Rheinprovinz (unten).

Zwar zwängt sich der Mittelrhein meist durch sein recht enges Mittelgebirgstal, doch manchmal weitet sich dieses auf und bietet Platz für eine Sandbank oder gar eine Insel (rechts und links).

kreisen hängen. Allerdings will man sich nicht die Probleme Sachsens einhandeln, eine enge Abstimmung erfolgt daher mit der UNESCO. Wie fast zu erwarten, gibt es Gegner und Befürworter bei der betroffenen Bevölkerung, ein Architektenwettbewerb hat durchaus verschiedene Varianten aufgezeigt. Heute sind drei Brückenvarianten (und eine doppelt so teure Tunnelvariante) in der engeren Wahl, die Tageskapazität soll 7 200 Fahrzeuge erreichen. Der Streit dauert an, schließlich würde jeder Brückenbau im engen Mittelrheintal einen Bruch mit der Gesamterscheinung der Landschaft bedeuten. Es besteht jedoch Einigkeit, dass der UNESCO-Status Vorrang hat und nichts zu dessen Gefährdung unternommen werden darf. Diesen tragenden Grundkonsens kann man auch bei einer anderen Gelegenheit sehen, der Bundesgartenschau 2011 in Koblenz. Man hat dort schon vorab zugesichert, die BUGA-Seilbahn, obwohl eigens für diese Gartenschau gebaut, spätestens nach drei Jahren wieder abzubauen.

Das Obere Mittelrheintal hat eine eigene Dachmarke. Das grüne Logo skizziert das geschwungene Tal mit drei Zahlen, bei denen es sich um die betreffenden Flusskilometer handelt: 526 und 593 sind die Ein- und Ausgangspunkte des Welterbes, insgesamt 67 Flusskilometer umfasst also das Welterbe (d.h. rund 5 Prozent des 1 233 km langen Stroms). Der Kilometer 555 markiert die Loreley. Jede beteiligte Gemeinde kann „ihren" Flusskilometer in die gemeinsame Dachmarke einbringen, beispielsweise Lorch 538, Kaub 546 oder Rhens 582.

Unter dem gemeinsamen Dach geben sich am Mittelrhein Kulturschutz und Naturschutz die Hand, eine Vielzahl von Naturschutz- und FFH (Fauna-Flora-Habitat)-Gebieten sichern der Natur ihren Rang. Die Region hat ein Alleinstellungsmerkmal und bietet alljährlich Tausenden von Besuchern etwas, was sie zu Hause nicht haben. Der Rheinsteig verbindet für den Wanderer die Berge mit dem Tal und bringt ihm die einmalige Kultur- und Naturlandschaft des Mittelrheins nahe.

In Sichtweite von Koblenz werden die Uferhänge etwas flacher und das Tal ein klein wenig breiter (rechts).
Die Marksburg ist die einzige niemals zerstörte mittelalterliche Höhenburg am Mittelrhein. Dies schaffte sie über die Jahrhunderte weniger wegen ihrer starken Mauern als mit fähiger Diplomatie seiner Besitzer. Vielen gilt die Marksburg als mittelalterliche Burg schlechthin (links).

Die intensive Nutzung des Bodens lässt sich am besten von oben sehen: Kaum ein Eckchen im Hang scheint ungenutzt.

Rüdesheim und Bingen

Rüdesheim ist für viele das Synonym für Wein und Romantik. In der bekannten Winzerstadt im Mittelrheintal beginnt sozusagen das UNESCO-Welterbe Oberes Mittelrheintal. Der Weinbau, das nahe Niederwald-Denkmal und der Tourismus prägen die wirtschaftliche Situation. Reine Übernachtungszahlen sind meist trockene Zahlen, sie sagen jedoch sehr wohl etwas über die Stellung Rüdesheims aus, wenn man weiß, dass Rüdesheim jedes Jahr rund ein Drittel aller Übernachtungen im Rheingau-Taunus-Kreis schultert. Dabei sind die Gäste an Bord der zahlreichen Flusskreuzfahrtschiffe, die in Rüdesheim über Nacht anlegen, noch nicht mitgezählt. Die Rüdesheimer Altstadt um die berühmte fast 150 m lange Drosselgasse ist dabei ein Magnet besonderer Art. Rüdesheim hat auch das Glück gehabt, dass der alliierte Bombenterror zumindest die ältesten Gebäude der Altstadt verschont hat und so die Altstadt wirklich Altstadt geblieben ist. Rüdesheimer Rieslingweine oder Spätburgunder aus Assmannshausen werden in zahlreichen Straußwirtschaften und Weinstuben ausgeschenkt, immer neue Gäste wollen die Rheinromantik kennenlernen, indem sie die sprichwörtliche Gemütlichkeit im rheinischen Frohsinn genießen. Mit Rüdesheim ist zudem der Markenname des ältesten deutschen Weinbrands, Asbach Uralt, verbunden. Bereits 1892 wurde die „Export-Compagnie für deutschen Cognac“ mit dem Ziel gegründet, einen den französischen Produkten gleichwertigen Cognac herzustellen. Seit den 1930er Jahren besteht der Werbeslogan „Im Asbach-Uralt liegt der Geist des Weines“.

Das pompöse Niederwald-Denkmal Germania ist Teil des UNESCO-Welterbes. Dessen Errichtung im 19. Jahrhundert war gleichzeitig politisches Programm, es sollte die kurz zuvor vollzogene Einigung Deutschlands glorifiziert werden. Diese

Das pompöse Niederwald-Denkmal erinnert an den deutschen Sieg über Frankreich im Jahr 1870/1871. Bereits im September 1871 hatte Kaiser Wilhelm I. den Grundstein gelegt. Das Denkmal heroisiert unter anderem auch den Zusammenschluss der deutschen Volksstämme. Heute ist es ein beliebtes Ausflugsziel, zu dem von Rüdesheim eine eigene Sesselseilbahn führt (links).
Burg Ehrenfels wurde bereits 1689 im Zuge des Pfälzischen Erbfolgekriegs zur Ruine zerschossen (rechts).

Hoch über Rüdesheim liegt die Benediktinerinnenabtei St. Hildegard. Kirchenrechtlich geht sie auf Hildegard von Bingen (1098-1179) zurück, der heutige neo-romanische Bau entstand um 1900 (links).
Kein seltenes Bild am Mittelrhein: Vom schmalen Uferstreifen aus erheben sich steile Weinberge, denen man aus der Luft förmlich die alljährlichen Mühen ansieht (rechts).

politische Botschaft war dieselbe wie beim Barbarossa-Denkmal auf dem Kyffhäuserberg, beim Deutschen Eck in Koblenz, beim Hermanns-Denkmal im Teutoburger Wald, beim Völkerschlacht-Denkmal in Leipzig, beim Bismarck-Denkmal in Hamburg und bei der Walhalla an der Donau: Alle diese monumentalen Gedenkbauwerke sollten die Einigung Deutschlands bejubeln. Die Germania wurde 1883 vom Kaiser persönlich eingeweiht, ein Attentatsversuch während der Einweihungsfeier scheiterte. Die 12.5 m hohe Bronzefigur ist nach Süden zum Rhein ausgerichtet, die rechte Hand hält die deutsche Kaiserkrone, die linke ein gesenktes Schwert. Der Lorbeer diente als Symbol des Sieges und als Zeichen der Macht. Der Kopf ist mit Eichenlaub, dem klassisch-deutschen Attribut, umkränzt, im faltenreichen Gewand finden sich zahlreiche Tiere aus der deutschen Märchen- und Sagenwelt. Einschließlich des aufgeprägten Reichsadlers ist so ziemlich alles dargestellt, was zum damaligen Deutschlandbild gehörte. Zusätzlich zählt das Denkmal alle Schlachtfelder des 1870/71er Krieges gegen Frankreich auf und lässt mit der Hauptinschrift: „Zum Andenken an die einmüthige siegreiche Erhebung des Deutschen Volkes und an die Wiederaufrichtung des Deutschen Reiches“ keinen Zweifel am Grundgedanken der Germania. Eine ähnliche Botschaft verkündet das Hauptrelief im Sockel, das als größtes Bronzerelief des gesamten 19. Jahrhunderts alle wichtigen Personen der Zeit aus Adel und Armee darstellt: Das damals sehr bekannte Lied „Die Wacht am Rhein“ war eingemeißelt, Vater Rhein übergibt seiner Tochter, der Mosel, das Wachthorn. Damit soll auf die erfolgreiche Grenzverschiebung hingewiesen werden - nicht mehr der Rhein, sondern die Mosel wurde der Grenzfluss nach Frankreich; Elsass und Lothringen gehörten somit zu Deutschland. Die Symbolsprache des 19.Jahrhunderts zu verstehen ist für uns heute nicht mehr so einfach. Das Bildprogramm und die Figuren sind sehr zahlreich, wir kennen den geschichtlichen Hintergrund der vielen Einzelereignisse nicht mehr und schätzen diese heute auch anders ein.

Die Germania zog von Anfang an viele Touristen an. Bald wurde die Niederwaldbahn von Rüdesheim hinauf zum Niederwald eingerichtet, sie wurde erst im letzten Krieg zerstört. Seit den 1950er Jahren führt eine Kabinenseilbahn zum Denkmal hinauf. Des Weiteren verläuft der Rheinsteig als beliebter Fernwanderweg von Wiesbaden bis Bonn über das Niederwald-Denkmal.

Bingen liegt an der Mündung der Nahe in den Rhein. Diese Lage nutzten bereits die Römer zur

Unmittelbar vor dem Binger Loch zeigt sich der Rhein von seiner breiten Seite. Fast hat man den Eindruck, dass die vielen Schiffe es nicht leicht haben, die eigentliche Stromrinne zu halten (links).
Weinberge soweit das Auge reicht, das Westufer lässt alljährlich einen guten Tropfen heranreifen (rechts).

Man sieht Luftbildern meist nur schwer die Höhenunterschiede einer Landschaft an, der Straßenverlauf spricht jedoch eine eindeutige Sprache: Es geht stark aufwärts (rechts).
Es gibt sie, die Rheininseln. Meist sind sie klein und etwas von der Hauptflussrichtung entfernt (unten).

Anlage eines Kastells am Zusammenfluss von Nahe und Rhein. Hier am Eintritt des Rheins in das Engtal hatte bereits eine keltische Siedlung mit Namen „Binge" bestanden, was wohl mit Graben übersetzt werden kann; andere halten eine Übersetzung mit „Loch im Fels" naheliegender, schließlich befindet bzw. befand sich gleich hinter dem Mäuseturm eine gefährliche Untiefe, die heute besser als Binger Loch bekannt ist. Den keltischen Namen änderten die Römer in „Bingium". Es entstand eine hölzerne Nahebrücke und ein Brückenkopfkastell. Die Geschichte in Schlagzeilen liest sich ohne allzu große Brüche: Mit den Römern kam später auch das Christentum, der römische Merkurtempel war die Basis für den Bau der Martinsbasilika. Nach dem Fall des Limes wurde die Stadt fränkisches Königsgut. Im Mittelalter hatte man ständig Probleme mit dem Mainzer Erzbischof, der Bau der Burg Klopp mitten im Ort muss wohl in diesem Zusammenhang gesehen werden. Auch sie hat den Pfälzer Krieg nicht überlebt, es blieben kaum mehr als die Grundmauern. Erst im Zuge der Rheinromantik erfolgte im 19. Jahrhundert ein Wiederaufbau, dem nicht nur die Brücke, das Torhaus, der Wehrgang und der Bergfried geschuldet sind, sondern auch das neugotische Hauptgebäude, es ist noch keine 150 Jahre alt.

Mit Bingen verbinden viele Menschen Hildegard von Bingen (1098-1179), Äbtissin und Heilkundige, die traditionell als Volksheilige gilt (obwohl sie vom Papst niemals kanonisiert wurde). Heute ist in Bingen die Hildegardisschule nach ihr benannt. Hildegard von Bingen war Benediktinerin. Als 10. Kind einer adeligen Familie war ihr Leben für die Kirche bestimmt worden. In ihrer

Bingen am Rhein war bereits zu keltischer Zeit besiedelt, hier mündet die Nahe in den Rhein, hier tritt der Rhein in sein weltberühmtes Engtal ein (links oben).
Gegenüber von Rüdesheim und hoch über Bingen grüßt die Rochuskapelle den Rhein. Sie ist Teil des Weltkulturerbes und alljährlich Mitte August Ziel der Rochus-Wallfahrten (links unten).
Bingen und Bingerbrück gehören heute zusammen, verbunden durch zwei Brücken. Für mehr als ein Jahrhundert war die Nahe politische Grenze, hier das Großherzogtum Hessen, dort das preußische Rheinhessen (unten).

Autobiografie schrieb sie: „In meinem achten Jahr aber wurde ich zu geistlichem Leben Gott dargebracht und bis zu meinem fünfzehnten Jahr war ich jemand, der vieles sah und mehr noch einfältig aussprach, so dass auch die, welche diese Dinge hörten, verwundert fragten, woher sie kämen und von wem sie stammten." Im Jahr 1136 wurde sie zur Äbtissin gewählt. Bald kam es zu diversen Auseinandersetzungen mit einem Abt Kuno, weil Hilde-

gard die strenge Askese, eines der Prinzipien des Mönchtums, lockern und die überlangen Gebets- und Gottesdienstzeiten verkürzen wollte. Sie wurde bald zur typischen Vertreterin der deutschen Mystik des Mittelalters. Hildegard von Bingen befasste sich mit Medizin, Musik, Ethik und sogar mit Kosmologie. Ihr selbstbewusstes aber auch charismatisches Auftreten verhalf ihr zu einem großen Bekanntheitsgrad. Heute sind 13 Schriften erhalten, darunter Abhandlungen über Pflanzen und Krankheiten. Ihr Buch *Causae et Curae* (Ursachen und Heilungen) behandelt die Entstehung und Behandlung verschiedener Krankheiten, was ihr teilweise die Bezeichnung „erste deutsche Ärztin" vor allem in der esoterisch orientierten Naturheilkunde einbrachte. Heute schmückt eine Gedenktafel mit ihrem Namen die Walhalla.

er Binger Mäuseturm markiert heute die Landesgrenze zwischen Hessen und Rheinland-Pfalz. Er hat nichts mit Mäusen zu tun, hier wurde der hiffszoll erhoben. Erst die Rheinromantik-Dichter brachten die Mäuseversion ins Spiel. Der neugotische Turm stammt aus den Jahren um 1850, hatte jedoch mehrere Vorgänger (links).

smannshausen an der Mündung des Hüllenbachs in den Rhein wird gerne die Rotweininsel inmitten des Rheingaus genannt, in dem fast ısschließlich Riesling angebaut wird. 90 % der Reben an den Steillagen rund um den Ort sind Spätburgunder (unten).

Die Burg Ehrenfels, gegenüber von Bingen auf halber Strecke zwischen Rüdesheim und Assmannshausen gelegen, fungierte als große Zollburg. Die gewaltigen Mauern, gut viereinhalb Meter dick und 20 m hoch sowie die beiden hohen Ecktürme zeugen noch von der alten Stärke. Bald nach der Erbauung bekam hier das Erzstift Mainz das Sagen, eine kurmainzische Burgbesatzung trieb den begehrten Zoll ein. Die eigentliche Zollstelle direkt am Rhein arbeitete mit dem Binger Mäuseturm zusammen. Zur Ruine wurde die Burg spätestens im Pfälzischen Erbfolgekrieg (1688-1697), als nahezu alle Burgen am Rhein im französischen Feuer untergingen. Der französische Sonnenkönig

Im Morgennebel erscheinen die steilen Uferhänge noch etwas steiler und lassen die ganze Erosionswucht des Mittelrheins lebendig werden (links oben).
Die Nahe bringt ihr Wasser aus dem Nordpfälzer Bergland und dem Hunsrück zum Rhein. Ihr Einzugsgebiet von gut 4 000 km^2 kann zum Teil gewaltige Wassermengen beisteuern (links unten).
Burg Klopp inmitten Bingen war zusammen mit Burg Ehrenfels auf der anderen Uferseite der Garant der Mainzer Zollbarriere. Zusammen mit dem Mäuseturm stellte man so sicher, dass auch wirklich jeder seinen Schiffszoll beglich (rechts).

Burg Rheinstein thront auf einem 90 m hohen Felsensporn hoch über dem linksrheinischen Ufer. Sie war Jahrhunderte lang Ruine, bevor sich die Preußen zu einem romantisierten Wiederaufbau entschlossen (links). Burg Reichenstein hat ihr heutiges Aussehen um 1900 durch einen neureichen Industriellen aus der Stahlbranche erhalten. Die neugotische Wohnburg beherbergt daher eine große Sammlung gusseiserner Ofenplatten. (rechts).

Auch das gehört zum ansonsten so grünen Mittelrheintal: Hier wird das Baumaterial für die Bauten im Tal gewonnen. Solche Bilder sind jedoch eine Seltenheit im Talbereich des Weltkulturerbes (jetzt unten).
Burg Sooneck wird gerne die ritterlichste Burg am Mittelrhein genannt. Eigentlich war ihr Aus im Jahre 1282 durch König Rudolf von Habsburg nach der gelungenen Eroberung verfügt worden. Um 1350 wurde sie dennoch wieder aufgebaut und Sooneck wurde bald zur Ganerbenburg (jetzt rechts).

Ludwig XIV. wollte damals die Pfalz seinem Imperium einverleiben, als dies nicht gelang, wurde ein „Krieg der verbrannten Erde" vollzogen.

Der Mäuseturm wurde schon im 14. Jahrhundert als Zollwachturm gebaut. Sein Name hat daher gar nichts mit Mäusen zu tun, sondern mit dem althochdeutschen Muta (= Wegezoll) oder vielleicht mit dem mittelhochdeutschen Mûsen (= spähen, lauern). Der Volksmund sagt, dass der Name Mäuseturm von einem Mainzer Bischof stammen soll. Dieser hat hier angeblich Mäuse aufgefressen.

Die Aufgabe des Mäuseturms lag in der Unterstützung des Zoll-Sperrsystems der Burg Ehrenfels. Der heutige Bau aus den 1850er Jahren stammt von den Preußen, die hier eine preußische Grenzmarke im neugotischen Stil errichten wollten. Der Turm diente bis in die 1970er Jahre als Signalturm für die Rheinschifffahrt. Erst als das legendäre Binger Loch, eine gefürchtete Engstelle am Beginn des Rheinengtals, beseitigt wurde, hatte auch der Mäuseturm seine Aufgabe verloren. Vorher war das Binger Loch die schwierigste Engstelle für die Schifffahrt im Oberen Mittelrheintal gewesen. Hier hatte sich beim Durchbruch des Rheins durch das Schiefergebirge ein quer zum Fluss liegendes Quarzriff halten können, das für eine gefürchtete Stromschnelle verantwortlich zeichnete: Das Rheingefälle nach dieser Schranke war deutlich größer, die Strömungsgeschwindigkeit ebenfalls. Dies hatte zur Folge, dass im Mittelalter Lastschiffe das Binger Riff stromaufwärts gar nicht passieren konnten. Alle Lasten wurden bei Lorch entladen und über den so genannten Kaufmannsweg, auf dem Landweg über den Niederwald nach Geisenheim, gebracht. Zwar hatte man schon zur Römerzeit vergeblich versucht, das Binger Riff aufzuweiten, doch erst im 17. Jahrhundert gelang es wirklich, eine 4 m breite Durchfahrt zu schaffen. Die Folgen des Wegfalls des Rückstaus waren flussaufwärts gewaltig, Wasserburgen im Rheingau verlandeten, Inseln verschwanden, der Grundwasserspiegel unter dem Mainzer Dom begann abzusinken. Spätere Sprengungen in den 1830er Jahren verbesserten die Schifffahrtssituation weiter und verbreiterten das Binger Loch auf 14 Meter Durchlass. Im Jahr 1860 wurde sogar eine zweite breite Öffnung in das Quarzriff gesprengt. In den 1990er-Jahren verschwand schließlich das Binger Loch vollständig, heute erinnern nur noch die so genannten Lochsteine an das ehemalige Quarzriff.

Lorch und Bacharach

Lorch im Rheingau ist eine kleine Stadt an der Mündung der Wisper, geprägt vom Steillagen-Weinbau und vom Tourismus. Im Mittelalter war die Stadt vor allem Umschlag- und Stapelplatz der Rheinschifffahrt; für eine große Siedlungsausbreitung wäre das Tal schon damals zu schmal gewesen. In den 1920er Jahren war Lorch jedoch deutschlandweit in aller Mund, sie wurde zur Hauptstadt des „Freistaates Flaschenhals“. Da die Ortschaft vom übrigen unbesetzten Deutschland abgeschnitten war, wurde der Lorcher Bürgermeister mit der Verwaltung vor Ort beauftragt. Was war geschehen? Nach dem Ersten Weltkrieg war es zur Besetzung von rechtsrheinischen Brückenköpfen bei Köln, Koblenz und Mainz gekommen. Von Koblenz und Mainz aus war auf der Landkarte jeweils ein Radius von 30 km festgelegt worden. Was sich die Militärs auf dem Papier ausdachten, schuf in der Praxis vor Ort massive Verwaltungsprobleme, blieb doch bei Lorch ein schmaler Streifen in Form eines Flaschenhalses übrig: Seine rund 8 000 Bewohner hatten fortan keinen Zugang mehr zur deutschen Verwaltung und Versorgung. Alle Straßen- und Eisenbahnverbindungen führten in die US-amerikanische oder französische Zone, waren also blockiert - man lebte zwar noch an der Eisenbahn, es hielten jedoch keine Züge mehr. Die Bevölkerung half sich selbst, der Volksmund sprach bald vom „Freistaat Flaschenhals“: Es gab ein eigenes Freistaatsgeld, ein massives Schmuggelsystem sorgte für den Waren- und Postverkehr. Schließlich beendeten 1923 die französischen Besatzungstruppen die Freistaatzeit, nahmen den Bürgermeister gefangen und schlugen den Flaschenhalsstreifen ihrer Besatzungszone zu. Geblieben ist aber eine Vision: Heute dient der Freistaat Flaschenhals der Tourismusförderung, mit dem Logo der „Freistaat-Flaschenhals“-Initiative siegeln heute Winzer und Gastronomen ihre Weine.

Lorchhausen ist heute die westlichste und am tiefsten gelegene Ortschaft ganz Hessens. Hier endet Hessen. Der politische Grund für die Grenzziehung stammt ebenfalls aus der Besatzungszeit, hier verlief die Grenze zwischen der US-amerikanischen und der französischen Besatzungszone. Daher wurde das Niedertal später zur Landesgrenze zwischen Hessen und Rheinland-Pfalz. Frankreich war bei der Teheran-Konferenz 1943 noch nicht mit am Tisch und bekam einen vergleichsweise kleinen Anteil an Deutschland zugesprochen. In der französischen Zone dauerte es auch länger, bis ein gere-

Der Lorcher Werth hieß früher schlicht „Toteninsel“. Er besteht eigentlich aus zwei flachen, bis zu 100 m breiten Inseln, die bei Hochwasser oft überflutet sind. Heute gehört der gesamte Werth alleine der Natur, als Naturschutzgebiet ist es vor unliebsamen Betretungen sicher (links).
Schifffahrtsweg, Straße, Häuserzeile, steiler Weinberg – diese Reihenfolge findet sich sehr häufig am Mittelrhein (unten).

Kurz unterhalb von Lorchhausen endet Hessen am Mittelrhein. Nach dem Ersten Weltkrieg befand sich der Ort im „Freistaat Flaschenhals", der 1919 sogar im Vertrag von Versailles als Freistaat anerkannt worden war (unten).
Sandbänke zeigen sich bei Niedrigwasser, sie sind normalerweise nicht sichtbar und dementsprechend gefürchtet (links).

gelter Alltag einkehrte; kritische Zungen sprachen in Anlehnung an den Eisernen Vorhang von einem Seidenen Vorhang. Frankreich machte zudem ebenso wie die Sowjetunion regen Gebrauch vom Vetorecht im Alliierten Kontrollrat, dessen Entscheidungen einstimmig zu treffen waren. Dadurch war das Gremium der Militärgouverneure handlungsunfähig und die effektive Ausübung der Macht fiel an den Gouverneur der einzelnen Zonen. Frankreichs Haltung änderte sich später. Zunächst mussten aber die Briten und die USA vorangehen und im Januar 1947 die Bizone gründen, erst 14 Monate später waren die Franzosen zur Gründung der Trizone bereit. Die Ländergrenzen in Rheinland-Pfalz gingen aus den Besatzungsgrenzen hervor, das Land wurde als letztes in die spätere Bundesrepublik integriert. Gerade hier kamen viele Gebietsteile mit unterschiedlichsten historischen Wurzeln zusammen: Koblenz und Trier aus der preußischen Rheinprovinz, Rheinhessen, Hessen-Nassau und die historische bayerische Rheinpfalz sowie das ehemals oldenburgische Gebiet um Birkenfeld. Das Land Rheinland-Pfalz wurde ein „Land aus der Retorte", weitgehend ohne Rücksicht auf historisch gewachsene Regionen. Ein Gemeinschaftsgefühl musste sich daher erst einstellen, es gab sogar mehrere Volksbegehren zur Ausgliederung einzelner Landesteile in andere Bundesländer. Dennoch blieb das Land bestehen, wie es die Besatzungsmacht zusammengestellt hatte, es entwickelte sich langsam ein Gemeinschaftsgefühl, so dass heute kaum mehr jemand anderweitig zugeordnet werden möchte.

Bis Lorch könnte im Hochmittelalter die natürlich-künstliche Befestigung des „Rheingauer Gebücks" verlaufen sein. Diese war eine bis zu 100 m breite Grenzbefestigung aus „gebückten" Buchen, die knapp über dem Boden abgeschlagen wurden. Ihre neu ausschlagenden Zweige wurden immer wieder untereinander verflochten und mit Brombeer- und Schwarzdornsträucher verstärkt. Dadurch entstand bald eine zunehmend undurchlässige Grenzbebauung, deren Dickicht nur von vereinzelten bewehrten Toren durchbrochen war, die von Männern der nächstgelegenen Orte zu verteidigen waren. Erstaunlicherweise schützte diese einfache Sperre des Rheingauer Gebücks über mehrere Jahrhunderte vor Feinden. Erst das Aufkommen mauerbrechender Waffen machte diese einfache Schutzanlage wirkungslos. Aufgegeben wurde die Anlage aber erst 1771 auf Befehl des Mainzer Erzbischofs. Der alte Name blieb.

Burg Sooneck auf dem nordöstlichen Steilhang des Binger Waldes in seiner heutigen Form stammt aus dem 19. Jahrhundert. Sie ist praktisch in den Berg hinein gebaut worden und nutzt konsequent alle topografischen Gegebenheiten in den Befestigungsanlagen zu ihrem Vorteil aus. Die Burg macht einen wehrhafte Eindruck, viele Türmchen,

Zinnen und Schießscharten tun ihre Wirkung. So könnte sie als Raubritternest um 1250 ausgesehen haben, bevor sie vom Rheinischen Städtebund eingenommen und geschleift wurde. Nach einer weiteren wechselvollen Vergangenheit war die heruntergekommene Ruine schließlich an vier Trechtingshausener gefallen, die hier Weinberge anlegten. 1834 kaufte der preußische Kronprinz die Ruinen auf, um zusammen mit seinen Brüdern ein Jagdschloss zu errichten. Tatsächlich entstand unter Beibehaltung historischer Strukturen ein romantisierendes Gebäude, das königlich-preußische Wappen über dem nördlichen Burgtor erinnert noch an die Aufbauarbeiten. Die Wohnräume wurden mit neugotischem Mobiliar oder Biedermeiermöbeln ausgestattet. Dennoch wurde es kein Jagdschloss, weil die Märzrevolution 1848 diese Pläne sehr unsicher machte und interne Familienstreitigkeiten dazukamen. Heute ist die Burg dank ihrer imposanten Lage und der herrlichen Aussicht ein überregional beliebtes Ausflugsziel.

Burg Reichenstein nistet auf einem Bergvorsprung am östlichen Abhang des Binger Waldes, daher rührt wohl auch ihr zweiter Name Falkenburg. Sie hat ebenfalls eine reiche Geschichte und eine junge Ausstattung. Sie erlebte wie fast alle Burgen des Rheintals ihre Zerstörungen und ihre Wiederaufbauten, weil Burgherren immer wieder im politischen Ränkespiel auf die falsche Karte setzten. Zwischendurch versuchte man sich mit der Raubritterei, bis die Burgherren nach vierjähriger Belagerung ausgehungert waren und die standrechtliche Hinrichtung dem Spuk ein Ende setzte. Schnell wurde Burg Reichenstein als Festung militärisch unbedeutend, weil sie als Verteidigungsanlage nicht mehr mit den modernen Entwicklungen Schritt halten konnte. Der wirkliche Neuanfang gelang einem reichen Industriellen, der sich zwischen 1899 und 1901 ein standesgemäßes Heim einrichten wollte. Es wurde eine neugotische Wohnburg im englischen Stil daraus, die acht Meter dicke Schildmauer der ursprünglichen Anlage blieb dabei erhalten. Darüber hinaus hatte der Schlossherr eine große Sammelleidenschaft: Dabei ist nicht nur die Rede von Ritterrüstungen und über 1 000 Jagdtrophäen aus vier Kontinenten, auch eine umfangreiche Ofenplatten-Sammlung durfte nicht fehlen. Reichenstein war die zeitlich letzte Burg im Oberen Mittelrheintal, die man im Zeichen der Rheinromantik wieder aufbaute.

Auch Burg Rheinstein thront auf einem 90 m hohen Felsen über dem Rhein. War Reichenstein aus den Ruinen die zeitlich letzte, die man im Zuge der romantischen Burgenbegeisterung wieder aufbaute, war Rheinstein die zeitlich erste. Die Ruine war so baufällig, dass sogar die Franzosen im pfälzischen Erbfolgekrieg auf eine Sprengung verzichteten, während fast allen anderen Burgen im Tal dieses Schicksal nicht erspart blieb. Zwischen 1825 und 1829 entstand die heutige Burg aus den Ruinen neu, allerdings mit häufigem Ärger mit der (teuren) Bauleitung. Sogar der Burgenname wurde dabei neu kreiert. Ursprünglich hieß sie Vaitzburg oder Voitsberg. Als ranghöchste Besucherinnen

Burg Fürstenberg wurde im Pfälzerkrieg 1689 zur Ruine und blieb es bis heute.

kamen die englische Königin Victoria und die Zarin Alexandra Feodorowna auf die Burg. Ab 1860 gab es mehrere Besitzer, manche plünderten sie in der jüngeren Vergangenheit regelrecht aus, indem alles bewegliche Inventar veräußert wurde. Als dem Adel oder dem neureichen Bürgertum in den 1970er Jahren das Geld ausging, sprang der Opernsänger Hermann Hecher ein und rettete die Burg. Mit Hilfe eines speziellen Fördervereins und des Landesamts für Denkmalpflege wurde Burg Rheinstein anschließend wieder instandgesetzt. Sie ist heute noch in Privatbesitz, kann aber zu regelmäßigen Öffnungszeiten besichtigt werden. Zudem stehen die historischen Räume für romantische Trauungen zur Verfügung.

Burg Hohneck, auch Heimburg genannt, war als kurmainzische Grenzburg gegen die Pfalzgrafen erbaut worden. Bald wurde sie überflüssig und verfiel. Wie bei den anderen Burgen auch kam der Wiederaufstieg im 19. Jahrhundert, als ein Großindustrieller hier seinen Sommersitz aufschlug. Nur die Grundmauern des Turmes und die Ringmauer konnten verwendet werden. Es wurde ein neugotisches Schloss daraus, ein zusätzlicher Zinnenkranz sollte diese Funktion unterstreichen. Die Ruine Nollig war ein Befestigungspfeiler der Stadtbefestigung, er sollte den Übergang zum kurpfälzischen Gebiet absichern. Eine massive Mauer, flankiert von zwei seitlichen Rundtürmen sowie einem Halsgraben, sollte den Schutz sicherstellen.

Bacharach bietet eines der schönsten und geschlossensten Stadtbilder am Rhein – oder in den Worten eines Reisenden im 19. Jahrhunderts: das schönste, bravste und unbekannteste. Man hatte ein weiteres Attribut vergessen, das älteste: Es ist auf den Mauern des keltischen Baccaracum gebaut. Die Römer scheinen hier nicht gesiedelt zu haben. Im 7. Jahrhundert gehörte das Gebiet dem Kölner Bischof. Ab 1214 war es jedoch bayerisch! Herzog Ludwig der Kelheimer hatte in diesem Jahr die Pfalzgrafschaft verliehen bekommen – und die Wittelsbacher blieben fast sechs Jahrhunderte bis zur französischen Revolution.

uf dem Mittelrhein ist viel Verkehr, mit dem Blick von oben lassen sich die Schwierigkeit beim Manövrieren gut erkennen (unten links).
n Bacharacher Stadtwappen fällt sofort das weiß-blaue Rautenmuster auf, hier denkt man in der pfälzischen Tradition, auch wenn gut hundert
hre die Preußen das Sagen hatten. Burg Stahleck überragt den Ort, heute ist eine Jugendherberge in den alten Mauern untergebracht
ben links).
e Ruine Nollig hoch über Lorch ragt nicht selten aus dem Nebel. Das Mittelrheintal muss oft bis spät in den Morgen warten, bis die Sonne den
orgennebel aufgelöst hat (unten).

Kaub, St. Goar und St. Goarshausen

Sehr bekannt ist die Burg Pfalzgrafenstein mitten im Rhein, zumindest von Bildern. Es ist die wohl bekannteste Ansicht vom Rheintal, es ist auch eine markante Burg, so wie man sie sich vorstellt: mitten im Wasser, schwer zugänglich, hoch geschlossene Mauern! Die Burg Pfalzgrafenstein, oder schlicht Die Pfalz bei Kaub, ist denn auch eine besondere Burg. Sie wurde nie zerstört, sie war niemals eine Wohnburg, sie wurde nie stark verändert. Diese Burg wurde ausschließlich zur Geldeinnahme gebaut, der Besitzer, der wittelsbachische Pfalzgraf optimierte damit seine Zollerhebungen bei der Rheinschifffahrt. Mit dem Bau hatte der Wittelsbacher-Kaiser Ludwig der Bayer (1283-1347) begonnen. Erst über 500 Jahre später verließen die letzten Zollbeamten die Burg, nachdem beide Uferseiten preußisch geworden waren und kein Zoll mehr einzunehmen war. Die erste Burg auf der Insel war ein fünfeckiger Turm. Bald kam eine dicke Ringmauer mit einem überdachten Wehrgang hinzu. Gut 100 Jahre später wurde der Turm mit einem Fachwerkbau und den Ecktürmen aufgestockt und ein Satteldach gebaut zum Schutz der Zolleinnahmen. Um 1600 wurde schließlich eine massive Spitze angebaut, um die ständigen Beschädigungen durch Eisgang geringer zu halten; dadurch macht die Burg heute noch den Eindruck eines schwimmenden Schlachtschiffes. Zudem hatte man auf diese Weise eine Geschützplattform erhalten. Durch das Aufsetzen des barocken Turmhelms im Jahr 1714 erhielt die Burg schließlich ihre heutige Form.

Kaub wurde in der Neujahrsnacht 1814 europaweit berühmt: Napoleons Truppen waren

Burg Pfalzgrafenstein wurde 1326 von Kaiser Ludwig der Bayer erbaut, damals gehörte die Pfalz zum Stammland Bayern. Einziger Zweck der Anlage war die Zollerhebung, gewohnt hat hier niemand. Erst nach 1866 verließen die letzten Zollbeamten die Burg, der Rhein war ab diesem Zeitpunkt keine Grenze mehr (links).
Burg Gutenfels liegt gut 100 m über der Stadt Kaub. Sie hatte viele Belagerungen überstanden, bis der Sprengbefehl Napoleons sie 1806 zur Ruine machte. 30 Jahre später erfuhr sie im Zuge der Rheinromantik einen Wiederaufbau (unten).

Die Luftperspektive zeigt es deutlich: Weder für Burg Gutenfels noch für das darunter liegende Kaub ist viel Platz vorhanden. Dennoch gehören beide seit Jahrhunderten unzertrennlich zusammen (links).
Nach Schloss Schönburg hoch über Oberwesel ist sogar eine eigene Rebsorte benannt. Es wurde um 1900 von einem in den USA reich gewordenen Emigranten wiederaufgebaut (unten).

geschlagen, preußische Truppen überquerten in dieser Nacht auf einer russischen Pontonbrücke den Rhein. Europa war nicht mehr dasselbe, die bis dahin beherrschende Ära Napoleon ging zu Ende. Die französische Armee hatte am 16.-19. Oktober die Völkerschlacht bei Leipzig verloren, es war die Entscheidungsschlacht der Befreiungskriege.

Damals hatten es alle Gegner Napoleons geschafft, an einem Strang zu ziehen: Österreich, Preußen, Russland und Schweden; selbst das Königreich Bayern hatte nur wenige Tage vorher die Seiten gewechselt, das Königreich Sachsen und Württemberg machte dies sogar noch während der dreitägigen Schlacht. In dieser Schlacht standen sich eine halbe Million Soldaten aus über einem Dutzend Ländern gegenüber und lieferten sich die bis dahin größte Feldschlacht der Weltgeschichte. Napoleons Armee war zahlenmäßig deutlich unterlegen und verlor denn auch diese Entscheidungsschlacht. Knapp 100 000 meist junge Männer überlebten diese drei Tage nicht. Danach wälzte sich ein großer Armeekorso quer durch Deutschland in Richtung Frankreich, die Franzosen voraus, die versammelten Verfolger hinterher. In Kaub führte der preußische Feldmarschall Blücher das Kommando, als 60 000 Soldaten mit 20 000 Pferden und 200 Geschützen über den Rhein setzten. Um die Geschichtsträchtigkeit zu unterstreichen, gibt es heute noch eine Blücherstraße und ein Blüchertal. Die Ereignisse wälzten Europa damals von Grund auf um: Der Rheinbund, der Zusammenschluss deutscher Herrscher von Frankreichs Gnaden, löste sich auf. Der Winterfeldzug nach diesem legendären Rheinübergang führte zur baldigen Abdankung Napoleons und zum Pariser Frieden, der sich weit über den Rhein hinaus auswirkte. Am Rhein wurde die Schifffahrt bis ans Meer für frei erklärt. Am Rhein endeten aber auch viele lieb gewonnenen Reformen der Französischen Revolution, es folgte ein Jahrhundert restaurativer Politik.

St. Goar hat eine vergleichsweise einfache Namensgeschichte: Hier wirkte ein gewisser Goar (495-575), von Beruf Missionar aus der Auvergne. Über ihn gibt es zahllose Sagen, die meist von seinen Wundertaten künden, die sich entweder auf dem Rhein oder am Rhein zugetragen haben sollen. Jedenfalls wurde der Ort schon bald nach seinem

Oberwesel besitzt bedeutende Reste seines Stadtmauerrings, er ist über längere Strecken sogar noch begehbar. 16 Wehrtürme sind erhalten, jeder hatte offenbar einen eigenen Namen und seine eigene Bedeutung: Es gibt einen Hospitalgassenturm, Steingassenturm, Katzenturm, Ochsenturm oder einen Butterfassturm. Hier hatten die Römer bereits eine Pferdewechselstation samt Herberge, im Frühmittelalter etablierten die Franken ein Königsgut mit Königshof.

Nicht alles ist mehr Handarbeit in den Weinbergen. Wo die Gegebenheiten es zulassen, vereinfachen Maschinen den Weinbau und helfen so, die Kosten des Endprodukts, des Rheinweins, erträglich zu halten.

Tod nach ihm benannt und es setzte eine rege Wallfahrt ein. Es wurde sogar ein Buch auf Lateinisch über den bald Heiliggesprochenen verfasst, *Vita et miracula Goaris* (Leben und Wunder Goars). Der Heilige wurde nicht nur der Schutzpatron von St. Goar, sondern auch noch der Winzer, der Töpfer, der Ziegelarbeiter und der Gastwirte, und natürlich, nicht zu vergessen, der Schiffer und der Schiffsbrüchigen. Angeblich soll der Heilige gerade deshalb hier gewirkt haben, weil er sich um Schiffsbrüchige kümmern wollte.

Gegenüber von St. Goar liegt die Schwesterstadt St. Goarshausen mit den Burgen Katz und Maus. Erstere hieß eigentlich Burg Neu-Katzenelnbogen, letztere Deuernburg. Erstere gehörte einem lokalen Grafen, letztere den Trierer Erzbischöfen.

Oberhalb der Stadt befindet sich die Burg Rheinfels, die größte Wehranlage einer Höhenburg im Mittelrheintal zwischen Lahnstein und Bingen. Noch vor 1600 war die Burg zu einem Renaissanceschloss ausgebaut worden. Bald kam es jedoch zu einem Erbschaftsstreit, der sogar von einem Reichsgericht geschlichtet werden musste. Vollstrecker war Ferdinand von Bayern, Kurfürst und Erzbischof von Köln; er ließ die Burg belagern und konnte diese nach schweren Kämpfen einem der Erben übergeben. Nach dem Dreißigjährigen Krieg wurde Rheinfels schließlich zur Residenz und gleichzeitig zu einer umfangreichen Festung ausgebaut. Der politische Hintergrund war eine befürchtete Bedrohung aus Frankreich. Tatsächlich wurde sie mehrmals schwer belagert, allerdings erfolgreich verteidigt. Einmal standen nur mehr 3 000 Verteidiger gegen 28 000 französische Soldaten (von denen nur die Hälfte ihren Angriff unversehrt überstand). Die Verteidiger behaupteten sich und die Franzosen mussten schließlich abziehen. 100 Jahre später war dem nicht mehr so, moderne Militärtechnik erzwang sogar eine kampflos Übergabe. Französische Revolutionstruppen sprengten schließlich 1796/97 die Festung, das Schloss und den Bergfried. Kurz vor Ende der Franzosenherrschaft wurde die Ruine 1812 auf Abbruch verkauft. Später wurden die meisten Steine zum Bau der Festung Ehrenbreitstein bei Koblenz verwendet.

Der Loreleyfelsen ist wohl der berühmteste Schieferfelsen am Mittelrhein. Er stellt sich dem Rhein als steil aufragender Felsenriegel in den Strom. Der Name wird einer legendenhaften Nixe auf diesem Felsen zugeschrieben, deren schöner Gesang und verführerische Erscheinung samt langem, goldenem Haar den Schiffern immer wieder

Sankt Goarshausen liegt am Fuße der Loreley und nennt sich daher auch die Loreleystadt (links). Dem ist nichts hinzuzufügen, schließlich kennt die Loreley jedes Schulkind. Der sagenhafte Felsen war lange Zeit die gefährlichste Stelle im Mittelrhein, die Schiffer thematisierten ihre Angst und personifizierten diese in der legendenhaften Nixe auf diesem Felsen, deren betörender Gesang Verhängnis brachte.

Sankt Goar hat römische Wurzeln und einen Heiligennamen: Goar war ein Mönch in der Merowingerzeit aus Südwestfrankreich, der sich hier als Einsiedler niederließ. Nach seinem Tod entwickelte sich besonders unter den Schiffern eine rege Wallfahrt, schließlich wurde der ganze Ort nach ihm benannt (links).
Die Talenge erlaubt in Sankt Goar nur einen kleinen Hafen (unten).

Wellmich ist heute ein Ortsteil von St. Goarshausen. Hier hatte 1042 der Kaiser seinem Hofkaplan eine „Hufe" übereignet, der Ort wird also in nicht allzu ferner Zukunft 1000 Jahre alt (links).
Burg Maus hat eine ideenreiche Namensgeschichte, ihr heutiges Aussehen stammt aus der Romantik, als man trotz Um- und Ausbau immer den Ruinencharakter erhalten wissen wollte. Das heutige Erscheinungsbild stammt aus der Zeit nach 1900 (unten).

zum Verhängnis geworden sein soll; wegen ihr sollen die Männer in der gefährlichen Strömung nicht mehr auf den Kurs geachtet haben und zerschellten so samt ihren Fahrzeugen am Felsenriff. So will es zumindest die Sage. Realer Hintergrund war die drastische Verengung des Rheinbetts von vorher 300 m auf weniger als die Hälfte und die Ausbildung starker Strudel – dafür besitzt hier der Rhein mit bis zu 25 m seine tiefsten Stellen (in seinem schiffbaren Teil). Gleich unterhalb der Loreley weitet sich dagegen der Rhein wieder wannenartig bis auf 400 m auf (als wollte er die Schiffer nach der überstandenen Gefahr ein bisschen ärgern). Wegen der Verengung an der Loreley kam es zwangsläufig zu starken Strömungen, was die Loreley neben dem Binger Loch zur tückischsten Stelle im Rhein machte. Erst in den 1930er Jahren wurden die gefährlichsten Felsen an der Loreley gesprengt und der Passage einen Teil ihrer Gefährlichkeit genommen. Der Name der Loreley könnte viele Väter haben: Das altdeutsche „lorlen“ (rauschen, murmeln) könnte Pate gestanden haben, da das Echo rätselhafter Zwerge in den Felsenhöhlen so gedeutet wurde. Andere wollen das keltische „Ley“ (Fels, Stein) als Namensgeber verstanden wissen. Wieder andere verweisen auf das mitteldeutsche Lore/Lure (Hinterlistige, Elfe), was angesichts der Gefahr für Schiffe auch eine Erklärung wäre. Ohne Widerspruch ist keine Deutung. Im 18. Jahrhundert war die Loreley übrigens noch männlich: „der Lurlei“, „der Lorley“ oder der „Lurleberch“ waren übliche Schreibweisen.

Natürlich nahm sich auch die romantische Dichtung der Loreley an. Heinrich Heine (1797-1856) verfasste dazu ein bekanntes Gedicht „Die Lore-Ley“: „Ich weiß nicht, was soll es bedeuten / Dass ich so traurig bin / Ein Märchen aus uralten Zeiten / Das kommt mir nicht aus dem Sinn. Die Luft ist kühl und es dunkelt / Und ruhig fließt der Rhein / Der Gipfel des Berges funkelt / Im Abendsonnenschein. Die schönste Jungfrau sitzet / Dort oben wunderbar / Ihr goldnes Geschmeide blitzet / Sie kämmt ihr goldenes Haar. Sie kämmt es mit goldenem Kamme / Und singt ein Lied dabei / Das hat eine wundersame / Gewaltige Melodei /Den Schiffer im kleinen Schiffe / Ergreift es mit wildem

Burg Reichenberg wurde 1836 von einem Burgenliebhaber gekauft und instandgesetzt. Später kam ein historisierender Wohnbau hinzu (unten).
Burg Katz heißt eigentlich Burg Neukatzenelnbogen, der Volksmund liebt es kürzer. Katzenelnbogen war bis zu ihrem Erlöschen 1479 eine reichsunmittelbare Grafschaft, nur dem fernen Kaiser verantwortlich (ganz unten).
Burg Rheinfels war im Hochmittelalter eine Zoll der Grafen von Katzenelnbogen. Im 19. Jahrhundert, als längst kein Zoll mehr erhoben wurde, kaufte sie der preußische Prinz Wilhelm, der spätere Kaiser Wilhelm I. (rechts).

Weh / Er schaut nicht die Felsenriffe / Er schaut nur hinauf in die Höh /Ich glaube, die Wellen verschlingen / Am Ende Schiffer und Kahn / Und das hat mit ihrem Singen / Die Lore-Ley getan".

Der Dichter wollte damit wohl das Thema der verschmähten Liebe aufgreifen. Dieses sentimentale Volkslied wurde sehr beliebt und gerne gesungen. Angeblich hatten deswegen sogar die Nazis das Lied des Juden Heine nicht zu verbieten gewagt. Heinrich Heine gilt heute wegen seiner lyrischen Alltagssprache als der letzte Dichter der Romantik, durch ihn wurde der Reisebericht zur Kunstform erhoben.

Der zweite Dichter im Zusammenhang mit der Loreley ist Clemens Brentano (1778-1842), einer der Hauptdichter der so genannten Heidelberger Romantik. In seiner Ballade „*Zu Bacharach am Rheine* …" ist die Loreley eine Zauberin, die mit ihrer Schönheit Männern den Verstand raubt und ihnen den Tod bringt. Als man sich ihrer entledigen möchte und sie schon zum Tode verurteilt ist, schafft es der Bischof wegen der betörenden Schönheit nicht, das Urteil über die Lippen zu bringen und möchte sie stattdessen ins Kloster stecken. Die Verurteilte steigt auf den Felsen und stürzt sich in die Fluten des Rheins. Der beliebte Vierzeiler lautet schlicht: „Zu Bacharach am Rheine wohnt´ eine Zauberin / Die war so schön und feine und riss viel Herzen hin / Und machte viel zuschanden der Männer rings umher / Aus ihren Liebesbanden war keine Rettung mehr!"

Manche Inseln wie hier bei Ehrental sind ein wahres Kleinod der Natur.

Boppard und die Rheinschleife

Die größte Rheinschleife bei Boppard nennt sich Bopparder Hamm; sie ist durchaus der Saarschleife von Mettlach oder der Haarnadelschleife des Mains bei Urphar ebenbürtig. Der Name Hamm könnte sich vom lateinischen *hamus* ableiten, was Haken bedeutet und damit auf die S-Form der Rheinschleife anspielen könnte. Die Flussbiegung schafft eine einzigartige Südhanglage, dessen Amphitheater im Sommer beste Weine heranwachsen lässt. Das warme Rheinwasser lässt im Herbst zusätzliche warme Tage zu, der Schieferboden speichert die Sonnenstrahlen, das lokale Klima ist daher trockener und wärmer als die unmittelbare Umgebung, feuchte Westwinde kommen weniger zur Geltung. Dies alles ermöglicht das größte zusammenhängende Weinanbaugebiet am Mittelrhein. Auf rund 75 ha Rebfläche wachsen jedes Jahr köstliche Tropfen heran, die allerdings in mühevoller Handarbeit am Steilhang geerntet werden müssen. In guten Jahren können so rund 600 000 l Wein heranreifen. Ein informativer Weinlehrpfad hilft die diversen Zusammenhänge des Weinbaus verstehen.

Oben am Bopparder Hamm kann man sich der Illusion eines Vierseenblicks hingeben: Von hier sieht es so aus, als könnte man auf vier Seen hinunterblicken, in Wirklichkeit handelt es sich aber immer um den (gleichen) Rheinbogen, der zum Teil verdeckt ist und wie vier separate Gewässer erscheint. Heute kann man sich mit dem Sessellift zu diesem Aussichtspunkt bringen lassen. Oberhalb der Rebflächen befindet sich auch der Jakobsbergerhof, ein ehemaliges Klostergut auf dem Jakobsberg. Das zugehörige Kloster ging in den Reformationswirren unter. Heute ist ein Tagungshotel untergebracht. Eine Besonderheit sind die Reste einer römischen Wasserleitung, die erst in den 1960er Jahren als solche erkannt worden sind. Boppard ist weit über 2 000 Jahre alt. Während des Gallischen Krieges unter Julius Caesar hatte man hier ein *Vicus* (Gehöft, Dorf) eingerichtet und es nach dem benachbarten keltischen Dorf *Bodobrica* benannt. Die Siedlung war immerhin so bedeutend, dass der Name in der *Tabula Peutingeriana*, der spätrömischen Weltkarte, verzeichnet war. Bald musste man

Burg Sterrenberg (links) und Burg Liebenstein werden gerne die „Feindlichen Brüder am Mittelrhein" genannt. Nicht wenige kennen wegen der großen Bekanntheit der Sage und der einmaligen Lage der zwei Schildmauern, die beide Burgen voneinander trennen, nur diesen Namen (unten).

Boppard ist seit mehr als eineinhalbtausend Jahren vom Weinbau geprägt; mit rund 75 ha bestockter Rebfläche ist die Stadt sogar die größte Weinbaugemeinde des Mittelrheins. Riesling, Rivaner und Spätburgunder sind die Rebsorten. (links)
Die Rheinschleife unterhalb Boppards ist die größte Schleife des Rheins, man spricht von der Bopparder Hamm (unten).

den Rhein als Grenze setzen. In Boppard entstand ein stark befestigtes Kastell mit dem Namen *Baudobriga*. Doch auch acht Meter hohe Mauern mit 28 vorgelagerten Türmen konnten die römische Zeit am Rhein nicht mehr retten; heute ist das Kastell das besterhaltene spätrömische Kastell nördlich der Alpen, der Archäologische Park zeigt noch gut 50 m der römischen Mauer.

Ein halbes Jahrhundert später zogen die Römer wieder ab, mit ihnen die einheitliche politische Ordnung, aber auch all die technischen Annehmlichkeiten und Fähigkeiten (es sollte beispielsweise sieben Jahrhunderte dauern, bis in Germanien, das sich nun Deutschland nannte, erstmals wieder eine Steinbrücke römischen Ausmaßes gebaut werden konnte). Fortan gab es häufig lokalen Streit, nahezu alle Lokalfürsten schienen

Zwischen Osterspai (am rechten Ufer) und Spay (am linken Ufer) gab es früher viele Untiefen im Rhein, bevor im 19. Jahrhundert reguliert wurde. Hier wurde das Fahrwasser enger und die Strömung schneller, der Ortsname Spai/Spay könnte daher durchaus alte Wurzeln haben: Im Althochdeutschen heißt „spia" grob übersetzt Wasserdurchlass (links).
Schloss Liebeneck ist ein Jagdschloss. Zwar hat es alte Wurzeln, der heutige zweigeschossige Bau ist jedoch weniger als 150 Jahre alt. Der Blick von dort auf die doppelte Rheinschlinge sucht seinesgleichen (rechts).

Krieg gegeneinander führen zu müssen. Spitze Zungen sprechen denn auch von eineinhalbtausend Jahren Bürgerkrieg, der dem römischen Machtvakuum folgte. Boppard hatte dabei sogar seinen eigenen Krieg, er fand 1497 statt. Die Ursachen für diesen Bopparder Krieg liegen weit zurück. Bis 1313 war man reichsunmittelbar, also nur dem fernen Kaiser untertan, bevor der Kaiser den Ort und das Umland an seinen Bruder, den Bischof zu Trier, verpfändete. Dieser gliederte Boppard in seinen Kleinstaat ein, obwohl die Bopparder diese Fremdherrschaft nicht akzeptieren wollten. Bald wurde eine Zoll- und Zwingburg gebaut, die Steuereinnahmen flossen nach Trier. Hoffnung auf Besserung keimte erst knapp zwei Jahrhunderte später wieder auf, als Kaiser Maximilian I. (1459-1519) eine Auseinandersetzung mit dem Kurfürsten von Trier hatte. Er löste kurzerhand 1496 die Pfandschaft wieder ein, hatte jedoch nicht mit Juristen gerechnet, die ihn zwangen, seine Entscheidung zu revidieren. Die Bopparder wollten sich jedoch nicht wieder rückgliedern lassen und ihre Steuergelder künftig lieber in der Stadt behalten. Trier hatte allerdings die Bopparder Steuern schon fest verplant, ließ rund 12 000 Soldaten anrücken und die freie Reichsstadt Boppard wieder Geschichte werden. Heute erinnert nur mehr das Stadtwappen des schwarzen Adlers an die Zeit der freien Reichsstadt.

Boppard ist heute der Namensgeber für die so genannte Bopparder Linie, eine Dialektgrenze. Linguisten sprechen auch vom Rheinischen Fächer. Sie meinen damit das linguistische Übergangsgebiet vom Niederfränkischen über das Moselfränkische zum Rheinfränkischen. Hier wurde die so genannte Zweite Deutsche Lautverschiebung nur teilweise umgesetzt. Je nördlicher eine Mundart in diesem Rheinischen Fächer liegt, desto größer wird die Ähnlichkeit mit dem Niederdeutschen.

Die Burgen Liebenstein und Sterrenberg werden gerne als die feindlichen Brüder am Mittelrhein bezeichnet. Beide Ruinen haben eine bewegte Vergangenheit, beide sind heute noch durch eine weithin sichtbare Streitmauer getrennt. Natürlich gibt es mehrere Versionen über die Sage der Brüder, meist geht es um Geld, um Erbschaft und um Übervorteilung. Sterrenberg zählt zu den ältesten Burgen am Mittelrhein, sie war eine staufische Ministerialenburg. 1268 musste die Burg geteilt werden; der letzte Stauferspross Konradin (1252-1268) war zu dieser Zeit in Unteritalien von einer unheiligen Allianz aus Erbbetrügern überrumpelt und gerademal 16-jährig auf dem Marktplatz in Neapel geköpft worden. Bald danach wurde die zweite Burg (Lie-

benstein) sozusagen als Vorburg zu Sterrenberg gebaut. Diese wurde bald eine so genannte Ganerbenburg, d.h. mehrere Parteien teilten sich die Burg, von denen jede in ihrem Bezirk Wehr- und Wohnbauten errichtete. Dabei wird es zu einem ziemlichen Durcheinander gekommen sein (vielleicht stammt die Streitmauer aus dieser Zeit). Dennoch waren die Burgen bald nicht mehr so wichtig, sie verfielen. Nach dem letzten Krieg war es das Land Rheinland-Pfalz, das in den 1970er Jahren Sicherungsmaßnahmen und moderate Wiederaufbauten durchführen ließ. Beispielsweise entstand damals der Palast neu, der Bergfried erhielt einen Zinnenkranz, ebenso wurde ein neugotischer Restaurantbau aufgezogen. Gottlob verzichtete man auf weitergehende Rekonstruktionsarbeiten von nicht mehr sicher nachvollziehbarer Bausubstanz.

An den Burgen der „Feindlichen Brüder" führt heute der Rheinsteig vorbei. Dies ist ein 320 km langer Fernwanderweg auf der rechten Mittelrheinseite und von Bonn nach Wiesbaden führt. Der aktuelle RheinBurgenWeg ist seit 2010 als Premium-Wanderweg zertifiziert und verläuft auf der linken Rheinseite. Ein stilisiertes „R" auf blauem Quadrat dient als Wegweiser, das leider auch Souvenirjäger zu lieben scheinen. Der Fernwanderweg kann von allen Bahnhöfen und Anlegestellen der Rheinschifffahrt aus erreicht werden, jede Ortsmitte der anliegenden Gemeinden dient zudem als Orientierungspunkt.

Burg Schöneck ist eine sehr junge Burg, nahezu alle Gebäude stammen aus dem 19. und 20. Jahrhundert. Die Wurzeln der Anlage sind aber mittelalterlich, vor allem die Aufteilung in Ober- und Unterburg stammt aus dieser Zeit, ebenso diverse Keller, Stützmauern, Türme und ein Teil der Ringmauer sowie Reste des Halsgrabens. Die mittelalterliche Geschichte war sehr wechselhaft, für dreißig Jahre gehörte man sogar einer Stiftung zur Verwaltung der Besitzungen einer Adelsfamilie an. Mit den Preußen kam die Anlage in Privatbesitz, zwischen 1846 und 1848 war sie vorübergehend eine Molken-Kuranstalt. Seit rund 100 Jahren ist das Schloss wieder in Familienbesitz, in den letzten Kriegsjahren diente es Familienmitgliedern und Verwandten aus Frankfurt, Berlin und diversen in Deutschland verstreut lebender Verwandten als Fluchtburg. Das Schloss ist heute noch privat bewohnt.

Kamp-Bornhofen bezeichnet sich gerne als das tausendjährige Herz am romantischen Mittelrhein. Der Ort liegt geradewegs unterhalb der beschriebenen „Feindlichen Brüder"-Burgen, er fungierte über Jahrhunderte als Trierer Brückenkopf rechts des Rheins. Eine spätgotische zweischiffige Kirche ist seit dem 13. Jahrhundert das Ziel häufiger Wallfahr-

Spay, Brey und Rhens sind heute fast zusammengewachsen. Am gegenüberliegenden Ufer ist die Marksburg zu sehen (links).
Die Tiefe des Mittelrheintals bedingt viele Seitenerosionstäler, die in aller Regel eng und kurz sind (unten).

ten. Sie wurde 1425 eingeweiht und zieht auch heute noch tausende von Pilger im Jahr an, zu den Feierlichkeiten gehört auch eine Schiffsprozession.

Der Name Bad Salzig ist sozusagen Programm: Bereits kurz nach 1900 wurden hier Salzquellen erbohrt, die dem Ort bald den Beinamen Karlsbad am Rhein einbrachten. Die Quellen haben eigene Namen: Barbara und Leonore stellen „Heilwasser" aus 446 m Tiefe zur Verfügung. Dem Entdecker der Quellen ist eine Büste im Kurpark gewidmet. Seit dieser Zeit dominieren das Kurhaus und die Trinkhalle den Ort und lösten die bis dahin vorhandene Wirtschaftsstruktur eines Winzerdorfes ab. Bad Salzig hat eine sehr ähnliche Geschichte wie das nahe Boppard, die „Hauptstadtmusik" spielte in Trier; heute ist man ein Ortsteil von Boppard. Die Weinstöcke gehörten immer fremden Herren, ob in Trier, Boos, Eltz oder Koblenz. 1815 kamen die Preußen. Die Französische Revolution hatte aber schon die alten aristokratischen Ständezöpfe abgeschnitten, die bislang den Menschen, die die Arbeit machten, wenig von den Früchten ihrer Arbeit belassen hatte. Die Preußen ruderten zwar in der nachfranzösischen Ära wieder kräftig zurück, doch manches von den Errungenschaften der Französischen Revolution blieb bestehen. Damals erwarben sich die Salziger Kirschen wegen ihres hervorragenden Geschmacks einen überregionalen Ruf, die Kirschen fanden über den Rhein ihren Weg nach Holland und sogar nach England. Noch heute verwandeln sich die Rheinufer jeden Frühling in traumhafte Blütenmeere. Im Ortswappen weist der Adler auf die einstige Reichsunmittelbarkeit hin, der silberne Brunnen auf die Quellen und das Bad.

Bei Osterspai trennt eine langgezogene Halbinsel den Mittelrhein, die Fahrrinne ist so für Schiffe sicherer (links). Ein dominanter Kirchenbau in Spay ist St. Lambertus, erbaut kurz vor 1900 im neuromanischen Stil. An einen sechseckigen Zentralbau ist ein zwei-jochiges Langhaus angebaut, auf einer erhöhten hexagonalen Altarinsel befindet sich ein sechseckiger Volksaltar (unten).

Lahnstein an der Mündung der Lahn

Braubach liegt an der Mündung eines tief eingeschnittenen Tales in den Rhein (hier mündet der Mühlbach). Solche Täler wie hier im Rheinischen Schiefergebirge wurden immer schon als Siedlungsplatz genutzt, sie erlauben eine Zufahrt vom umgebenden Mittelgebirge hinab (unten).
Wo immer möglich, wird der Zugang zum Rhein gesichert, auch wenn es manchmal nur eine kleine Anlegestellen ist (rechts).

Das Lahntal markiert eine (weitere) geographische Besonderheit des Mittelrheins. Die 245 km lange Lahn aus dem weit entfernten Rothaargebirge ist der größte Nebenfluss des Oberen Mittelrheintals. Nicht nur die Länge und ihre Breite, auch der gewaltige Höhenunterschied von rund 540 m macht die Lahn zu einem besonderen Nebenfluss. Sie ist sogar für gut 100 km als Bundeswasserstraße ausgewiesen und damit schiffbar, zuständig ist das Wasser- und Schifffahrtsamt in Koblenz. Zwar wird die Lahn heute nahezu ausschließlich touristisch von kleineren Motoryachten genutzt, doch verfügt sie über eine Vielzahl von Schleusen, die auch für größere Schiffe durchgängig befahrbar sind. Eine Mindestwassertiefe von 1,60 m im Fahrwasser ist garantiert. Die Lahn mündet rund 5 km südlich von Koblenz bei Lahnstein in den Rhein.

Lahnstein ist die Stadt an der Mündung der Lahn. Wie zu erwarten, hat der Mündungszwickel schon früh Siedler angezogen; ein Blick auf die Landkarte zeigt, dass solche Konstellationen überall im Land immer bevorzugte Plätze zum Siedeln waren. Im Falle Lahnsteins siedelten bereits Steinzeitmenschen hier, auch die Römer ließen diesen strategisch günstigen Platz nicht unbesiedelt. Ein römischer *Burgus supra Lonetam* ist auch überliefert. Davon leitet sich der heutige Stadtnamen ab. Im Mittelalter hatte man schnell Markt- und Stadtrecht. Zweimal spielte sich hier Weltpolitik ab: Das erste Mal im Juli 1338, als die Kurfürsten beschlossen, dass künftig ein von ihnen gewählter König nicht mehr der Zustimmung des Papstes bedurfte, um Kaiser zu werden. Diese Übereinstimmung ging zwar als „Kurverein von Rhense“ in die Geschichte ein, gefasst wurde der Beschluss aber in Lahnstein. Hintergrund waren die ständigen Scharmützel des Kaisers Ludwig des Bayers (1283-1347) mit dem Papst, der gerne andere Politikschwerpunkte in Deutschland gehabt hätte. Der Papst blieb dem Kaiser übrigens ein Leben lang gram, Ludwig musste sogar in der Exkommunikation sterben. Es kam daher fast zwangsläufig zum antiklerikalen Beschluss, der Papst wurde in dieser Frage schlicht entmachtet (dies war bemerkenswert, weil ja drei der sieben Kurfürsten Fürstbischöfe waren).

Das zweite dramatische geschichtliche Ereignis war die Absetzung eines deutschen Königs durch die rheinischen Kurfürsten im Jahr 1400. König Wenzel von Böhmen (1361-1419), der älteste Sohn des legendären Kaisers Karl IV. wurde nach 24 Jahren Regentschaft „wegen Untätigkeit“ abgesetzt und statt seiner der Wittelsbacher Pfalzgraf Ruprecht gewählt (der pikanterweise selber Kurfürst war und sich selbst mitgewählt hatte). Ruprecht regierte bis zu seinem Tod im Jahr 1410. Heute erinnert der so genannte Königsstuhl von Rhens, ein zweistöckiger Achteckbau aus dem Jahr 1842, an diese große Vergangenheit.

Lahnstein nutzte die Lahnmündung als Standort, von hier aus konnte man den Rhein und die Lahn als Schifffahrtstrasse nutzen; aus diesem Grund waren bereits die Römer an dieser Stelle präsent (unten). Auch das Lahntal ist eng und tief eingeschnitten. Die Lahn bringt dem Mittelrhein beachtlich viel Wasser, schließlich ist sie fast 250 km lang und bewässert fast 6 000 km² Einzugsgebiet (rechts).

Lahnstein hat mit der 2 km langen Ruppertsklamm eine Besonderheit am Rheinsteig zu bieten. Ein kleiner Bach hat sich auf rund zwei Kilometern tief in den Tonschiefer und Sandstein eingegraben. Die Klamm, wie sie sonst nur in den Alpen zu finden ist, stellt daher gewisse Ansprüche an Wanderer; heute sind jedoch an schwierigen Stellen Stufen in den Fels gehauen, kleine Brücken überspannen Bachstellen und Seile sichern größere Höhenunterschiede. Insgesamt beträgt der Höhenunterschied immerhin 235 m. Eine knappe Stunde ist nötig, um die Ruppertsklamm zu durchsteigen. Erschlossen wurde die Klamm bereits in den 1910er Jahren. Heute steht das einzigartige Kleinod unter Naturschutz. Eine Gedenktafel erinnert an einen Naturfreund, der sich vor hundert Jahren für den Schutz des Kleinods eingesetzt hatte.

Burg Lahnstein stammt in seinem Kernbereich aus der Zeit vor 1245. Hier an der Lahn endete der Herrschaftsbereich des Mainzer Kurfürsten, die Burg sollte das Bollwerk nach Norden sein. Spätestens im Pfälzer-Krieg ruinierten französische Truppen die Burg. Wiederaufgebaut wurde sie jedoch ab 1852 im Stil englischer Gotik, unter Einbeziehung beispielsweise des gotischen Chors. Noch im ruinösen Zustand soll sie im Jahr 1774 Johann Wolfgang Goethe (1749-1832) zu seinem romantischen Gedicht inspiriert haben, das gerne auch zum Startschuss für die Rheinromantik hochstilisiert wird: „Hoch auf dem alten Turm steht / Des Helden edler Geist / Der, wie das Schiff vorübergeht / Es wohl zu fahren heißt. Sieh, diese Sehne war so stark / Dies Herz so fest und wild / Die Knochen voll von Rittermark / Der Becher angefüllt. Mein halbes Leben stürmt ich fort / Verdehnt' die Hälft' in Ruh /Und du, du Menschen-Schifflein dort / Fahr immer, immer zu!"

Die Marksburg steht als Höhenburg auf einem 160 m hohen Schieferkegel, sie ist die einzige nie zerstörte mittelalterliche Höhenburg am Mittelrhein. Die Marksburg gilt als die mittelalterliche Burg schlechthin und ist Vorbild für viele Phantasie- und Spielzeugburgen. Seit den 1990er Jahren gibt es sogar einen originalgetreuen Nachbau auf der japanischen Insel Miyako-jima; eigentlich hätte dorthin die wirkliche Marksburg transportiert werden sollen, was sich gottlob zerschlug. Ur-

sprünglich hieß die Burg Brubach, später wurde sie Philippsburg getauft, bevor sich der Name Marksburg herauskristallisierte (Sankt Marxpurgk, Markusburch, Markenburch oder Marxburg). In der Legende musste der Evangelist Markus Patron der Burg werden.

Wie bei allen Mittelrheinburgen war die Geschichte wechselvoll, es gab sogar Perioden, in denen die Burg verfiel. In der napoleonischen Zeit diente die Burg als Invalidenunterkunft und Staatsgefängnis. Im Jahr 1900 wurde die ruinöse Anlage von der Deutschen Burgenvereinigung aufgekauft und die vorhandene Bausubstanz wieder instandgesetzt. In diesen Jahren erhielt die Burg ihr spätmittelalterliches Aussehen wieder, auch der „Butterfaßaufsatz“ wurde wieder hergestellt. Fast wäre die Burg wieder zur Ruine geworden, weil US-amerikanische Artilleristen es 1945 nicht lassen konnten, sich auf die Burg einzuschießen. Heute sind die erheblichen Beschädigungen von damals wieder beseitigt. Als Burgmuseum bietet inzwischen die Marksburg ein geschlossenes Bild einer spätmittelalterlichen Burganlage.

Burg Lahneck ist ein sehr anschauliches Beispiel für die Entwicklung eines Wehrbaus zur Wohnburg. Sie wurde 1226 im Grundriss eines länglichen Rechtecks erbaut. Im Dreißigjährigen Krieg (1618-1648) richtete Freund und Feind die Burg "ziemblicher mahsen" zu, im Pfälzischen Erbfolgekrieg schossen Franzosen 1688 die letzten Dächer in Brand. Lahneck war danach Ruine, bis im Jahr 1851 ein schottischer Eisenbahnunternehmer einstieg und die Burg wieder aufbauen ließ (aus dieser Zeit stammt ein Gemälde der Königin Victoria). Ein neugotischer Ausbau folgte, es folgten aber auch diverse Besitzerwechsel, unter anderem leistete sich ein Admiral die Burg. Zur Zeit des neugotischen Ausbaus kam es sogar zu einem tragischen Unfall: Eine junge Frau aus Schottland verdurstete angeblich auf einem der Türme der wieder aufgebauten Höhenburg, nachdem eine Treppe hinter ihr eingestürzt war und sie sich nicht mehr befreien konnte. Dieses Unglück wurde anschließend in der Novelle *Das fremde Fräulein* von Wilhelm Schäfer verarbeitet, auch das Tagebuch der Verunglückten wurde veröffentlicht (*Das verschwundene Mädchen*).

Im Gegensatz zum Mittelrhein überspannen die Lahn gleich mehrere Brücken (links).
Burg Lahneck weist mit dem Grundriss des länglichen Rechtecks in die späte Stauferzeit (ab 1200), der Bergfried hat einen fünfeckigen Grundriss. Goethe dichtete im Anblick der Burg den „Geistesgruß", den er später in Thule, also dem Ende der Welt, spielen ließ (unten).

Das neugotische Schloss Stolzenfels ist ein besonders herausragendes Beispiel der Rheinromantik. Ein preußischer Prinz hat es bis 1830 aufbauen lassen, nachdem 150 Jahre vorher französische Truppen die Burg ruiniert hatten (unten).
Zu Wasser und zu Land ist viel Verkehr, an Land vor allem auch deshalb, weil die abgebildete Brücke am Stadtrand von Koblenz die erste Straßen- und Bahnbrücke über den Rhein seit Rüdesheim ist (links).

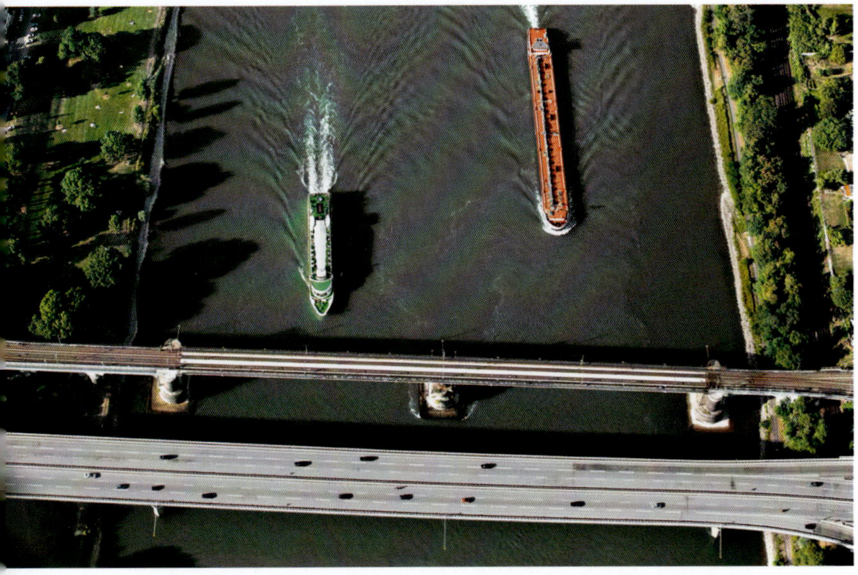

Fast in Sichtweite der Lahnmündung liegt lahnaufwärts Bad Ems. Hier traf sich im 19. Jahrhundert der europäische Hochadel zur Kur. Der preußische Kanzler Bismarck beispielsweise weilte hier im Jahr 1870, während es zwischen Preußen und Frankreich kriselte. Frankreich blickte nämlich begehrlich auf den Rhein und hätte gerne wieder an die Zeit vor 1815 angeknüpft. Preußen hatte vier Jahre vorher einen Bürgerkrieg angezettelt und ihn zu allem Überfluss auch noch gewonnen. Dadurch hatte es gewaltige Gebietsgewinne innerhalb Deutschlands machen können. Preußen wollte jedoch mehr. Jedenfalls lernt heute noch jedes Schulkind die Geschichte über die Emser Depesche, mit der Reichskanzler Bismarck durch Weglassen einiger Satzteile sein böses Spiel spielte und Frankreich in den Krieg trieb: Das Telegramm ließ Frankreich in der Öffentlichkeit als Unruhestifter dastehen, der Preußen demütigen wollte. Frankreich erklärte den Krieg, Preußen marschierte in Frankreich ein. Sechs Monate später waren 41 000 deutsche und 139 000 französische Soldaten tot, 384 000 gefangen genommen; Elsass und Lothringen fielen an Preußen, das zweite deutsche Reich wurde gegründet, aber es war gleichzeitig auch der Keim für den Ersten Weltkrieg gelegt.

Schloss Stolzenfels gegenüber der Lahnmündung war nach seiner Sprengung durch die Franzosen 1689 eine Ruine. Nach einem Dornröschendasein verschenkte sie die Stadt Koblenz an Friedrich Wilhelm IV.. Dieser nahm an und ließ sich die Ruine zur Sommerresidenz umbauen. Bis 1842 entstand das heutige Schloss, für den König wurde sein Rittertraum zu Stein. Englische Neugotik floss dabei ebenso mit ein wie ein neuer, romantischer Stil. Es entstand nach dem Vorbild des Rittersaals der Danziger Marienburg ein zweischiffig gewölbter Rittersaal, in dem alte Ritterrüstungen ausgestellt wurden. Das Schloss wurde mit viel Pomp und einem Kostümball eingeweiht, die Gäste erschienen in historischen Gewändern. Die Burghöfe machen die Schlossanlage aus, der äußere bietet einen weiten Blick in das Rheintal, der innere lässt die Eigenschaft als Sommerresidenz erkennen. Hierher kam sogar die englische Queen zu Besuch, ihr zu Ehren fand im Rittersaal ein Konzert mit Franz Liszt statt. Bei Abwesenheit des preußischen Königs stand das Schloss Besuchern zur Besichtigung offen. Ob damals schon das Stolzenburger Ritual gepflegt wurde, nämlich die Besichtigung in Filzpantoffeln zu machen, wissen wir nicht. Burg Stolzenfels ist mit seinem neugotischen Schloss heute ein besonders herausragendes Werk der so genannten Rheinromantik.

Koblenz an der Moselmündung

Das Deutsche Eck war eine preußische Machtdemonstration am Rhein. 1897 im Sinne der preußischen „Wacht am Rhein" aufgestellt, passte das Reiterstandbild in das damals übliche Politikgetöse aus Berlin. In der Nachkriegszeit war es dagegen Mahnmal der Deutschen Einheit (unten).
Bei Koblenz haben augenscheinlich die Verkehrsplaner das nachgeholt, was sie im Mittelrheintal nicht machen durften: Brücken zu bauen (rechts).

Koblenz darf sich zu den ältesten Städten Deutschlands zählen, bereits 1992 feierte man das offizielle 2 000-jährige Bestehen. Dabei gibt es Siedlungsspuren zurück bis in die Mittelsteinzeit. Der Stadtname hat denn auch eine lateinische Wurzel, das Kastell *Apud Confluentes* bezieht sich schlicht auf „die Zusammenfließenden": Der Name leitet sich also von der Lage der Stadt an der Mündung der Mosel in den Rhein ab. Bis in die 1920er Jahre schrieb sich Koblenz konsequenterweise auch noch Coblenz. Zur Römerzeit kam es zu den ersten festen Brückenbauten über den Rhein und die Mosel. Erst die Franken beendeten die Zeit der Römer und etablierten unter den Merowingern und Karolingern ein landesweites Frankenreich. Hier in Koblenz war es dann auch, wo 842 die entscheidenden Verhandlungen zwischen den drei Enkeln Karls des Großen (747-814) stattfanden, die zur Teilung des Fränkischen Reichs im Vertrag von Verdun führten. Koblenz gehörte für nahezu 800 Jahre den Erzbischöfen und späteren Kurfürsten von Trier. In dieser Zeit blühte Koblenz auf. Es entstanden Kirchen, Schlösser und Festungen. Das heutige Wappen, ein Kreuz auf silbernem Grund, steht für das Wappen des Erzbistums Trier. Erst im 14. Jahrhundert kam es mit dem Bau der Balduinbrücke erstmals seit den Römern wieder zu einem festen Moselübergang.

Koblenz spielte bereits im bekannten Gallischen Krieg von Gaius Julius Caesar (100-43 v. Chr.) eine Rolle. Sein *De Bello Gallico* ist seit Generationen die Eingangslektüre aller Lateinschüler. Dieser Krieg war zunächst eine lokale Reaktion des Römischen Reiches im Süden Frankreichs. Der Konsul Caesar nutzte diesen Krieg jedoch schnell als große Plattform, um ganz Gallien zu unterwerfen. Gallien bestand damals aus einem losen Stammesverband, der sich letztlich der zahlenmäßig unterlegenen Kriegsmaschinerie von Caesars Legionen nicht erwehren konnte. Es wurde über fast ein Jahrzehnt gemordet und geplündert: Caesar hatte als weitgehend mittelloser Mann Rom verlassen und kehrte als einer der Reichsten zurück. Mit seinen Kriegsaufzeichnungen hielt er sich zu Hause im Gespräch für die Zeit nach dem Krieg, als er seine Legionen wieder hätte auflösen müssen; es ist bekannt, dass er stattdessen den vielgerühmten Rubikon überschritt („Alia jacta est") und in Rom einen Bürgerkrieg auslöste. Der römische Krieg in Gallien erreichte im Jahr 55 bei Koblenz den Rhein, damals siedelten die Treverer in der Region. Es wurde ein erster Rheinübergang errichtet, bald entstanden ein Kastell und eine Siedlung. Von der späteren 350 m langen Pfahlbrücke über den Rhein sind von den ursprünglichen 700 Eichenstämmen

mit eisernen Spitzen noch 51 erhalten. Beim Abzug der römischen Truppen vier Jahrhunderte später wurden die Brücken zerstört.

Das Kurfürstliche Schloss war die erzbischöfliche Residenz, erbaut zwischen 1777 bis 1793. Das lange Schlossgebäude ist parallel zum nahen Rheinufer angelegt und öffnet sich zur Stadt hin mit zwei halbkreisförmigen Zirkularflügeln, die gleichzeitig den großen Schlossvorplatz umrahmen. Der Hauptbau entspringt dem barocken Symmetriedenken, die horizontale Gliederung weist 39 Achsen auf. Gleichzeitig darf die Allegorie auf den Rhein und die Mosel nicht fehlen, ebenso wenig wie Symbole der weltlichen und geistlichen Macht. Die Landschaft wurde konsequent in die Architekturplanung miteinbezogen, aus den Räumen hat man einen prächtigen Blick auf den Mittelrhein. Der Kurfürst konnte sein neues Schloss kaum genießen, schon ein Jahr nach der Fertigstellung (1794) übernahmen die Franzosen die Macht in Koblenz (wenige Jahre später war man sogar an Frankreich angegliedert). Als die französischen Jahre schließlich dennoch vorüber waren, gab es keine Kurfürsten mehr, Napoleon hatte das neunhundertjährige deutsche Kaiserreich zu Fall gebracht. Das schöne neue Schloss bekam danach die unterschiedlichsten Aufgaben, heute sind verschiedene Bundesbehörden in den ansehnlichen Gebäuden untergebracht.

Die Landzunge an der Einmündung der Mosel in den Rhein wurde bald zum Deutschen Eck hochstilisiert. Hier wurde im Jahr 1897 sogar ein monumentales Kaiserstandbild errichtet. Ursprünglich hatten diese Mole und die Sandbank im Koblenzer Volksmund schlicht *Honsschwanz* (Hundeschwanz) geheißen, man meinte damit den geografisch letzten Ausläufer des Hunsrücks. Um 1890 wurde nach einem Standort für ein Monument der Verherrlichung der deutschen Einigung gesucht. Die Entscheidung fiel für Koblenz am Zusammenfluss von Mosel und Rhein. Eine nationale Sammelaktion brachte die erforderliche Million Mark ein, das 37 m hohe Kaiser-Wilhelm-I.-Denkmal wurde gebaut. Wie das schon beschriebene Niederwald-Denkmal über Rüdesheim sollte damit der selbstbewusste wilhelminische Zeitgeist zum Ausdruck gebracht werden. Lange stand das Denkmal aber nicht. Im Zweiten Weltkrieg schwer beschädigt, wurde es bis 1990 zum Mahnmal der Deutschen Einheit umgewidmet. Erst 1993 wurde dieses nach kontroversen Diskussionen durch eine geänderte Nachbildung der ursprünglichen Skulpturengruppe wieder ersetzt.

Koblenz ist ein schreckliches Beispiel für den Bombenterror des Zweiten Weltkrieges. Das historische Stadtbild ging 1944 und 1945 im alliierten Bombenhagel für immer verloren, 2 000 000 m^3 Schutt und Trümmer blieben übrig; nur etwas

Die St. Kastor Basilika ist die älteste Kirche von Koblenz. In seiner heutigen Form stammt sie aus der Zeit um 1160. Im dazugehörigen Stift wurde 843 die Teilung des Fränkischen Reich in drei Teile (Westfrankenreich, Lotharingien und Ostfrankenreich) ausgehandelt (links).
Das Kurfürstliche Schloss in Koblenz ist der bedeutendste Schlossbau des französischen Frühklassizismus in Südwestdeutschland und gleichzeitig das letzten Residenzschloss, das noch vor der Französischen Revolution in Deutschland gebaut wurde. Acht Jahre nach seiner Fertigstellung wurde der Kurfürst vertrieben (unten).

mehr als 5 % aller Wohnungen blieben unbeschädigt. Etwa 1 000 Menschen, in aller Regel Frauen und Kinder, überlebten das Fiasko nicht. Dabei hatte die Zerstörung Koblenz keinerlei strategische Begründung, es gab keine kriegswichtige Industrie und keine Garnisonen. Dennoch warfen allein am Abend des 6. November 1944 britische Lancaster-Bomber 153 392 Stabbrandbomben ab, dazu 456 Flammstrahlbomben und 130 Luftminen. Man löste ganz bewusst (und menschenverachtend) Feuerstürme aus, um alle Löschversuche von vornherein aussichtslos zu machen. Der Tod von vielen Menschen wurde generalstabsmäßig eingeplant. Dennoch blieb dies für die verantwortlichen Militärs ohne Folgen. Im Gegenteil: Die meisten Hauptverantwortlichen wurden nach dem Krieg belobigt und geadelt. Selbst dem berüchtigten Bomber-Harris, mit richtigem Namen Arthur Travers Harris (1892-1984), wurde diese Ehre zuteil, obwohl er auch in der englischen Bevölkerung wegen der Flächenbombardements gegen die deutsche Zivilbevölkerung umstritten war. Bis heute vergeht kaum ein Jahr, in dem Tiefbaumaßnahmen Kriegsbomben, so genannte Blindgänger, zu Tage fördern und ausgedehnte Evakuierungen notwendig machen.

Ehrenbreitstein war seit alters für militärische Zwecke genutzt, der Bergsporn eignete sich ideal dafür. Dennoch ist die Festung in ihrem heutigen Aussehen eine junge Burg. Preußen hatte erst mit dem Wiener Kongress 1815 „die Wacht am Rhein" angetreten, sprich Gebietsansprüche erfolgreich am Rhein durchgesetzt. Schließlich hatten preußische Truppen unter General Blücher Napoleons Truppen sowohl 1813 in der Völkerschlacht bei Leipzig als auch 1815 in der legendären Schlacht bei Waterloo maßgeblich mit besiegt. Jedes Schulkind kennt wohl den Ausspruch des britischen Oberbefehlshabers General Wellington: „Ich wünschte, es würde Nacht oder die Preußen kämen". Nachdem man sich erfolgreich am Rhein ausgebreitet hatte, musste der militärische Schutz vorangetrieben werden. In den 1820er Jahren wurde die preußische Festung errichtet, sie galt wegen ihrer Lage auf dem Berg und des strategischen Festungsverbunds als uneinnehmbar: Drei Seiten werden von hohen Steilhängen begrenzt, die Nordseite ist mit Bollwerken hoch gesichert.

Der Koblenzer Karneval ist seit dem 13. Jahrhundert verbürgt. Ursprünglich war auch er religiös geprägt, mit *carnelevale* hatte man die Fastenzeit als eine „Fleischwegphase" ausgelegt. Spätestens seit drei Jahrhunderten bestimmen Prunk und Fei-

:n diese Zeit, einschneidend war vor allem die ɔn Köln ausgehende Karnevalsreform von 1823. ahlreiche Vereinsgründungen waren die Folge, as schnell Probleme mit der preußischen Obrigeit zur Folge hatte. Die Bevölkerung setzte sich urch, der Koblenzer Karneval blieb. Verschiedene arnevalsgesellschaften scheuen keine Mühe, Jahr ir Jahr die Narrenzunft hochleben zu lassen, das athaus zu stürmen und vor allem den Rosenmongszug originell zu bestücken.

Ein berühmter Sohn der Stadt ist im europächen Sinne zweifelsohne Valéry Giscard 'Estaing (*1926 in Koblenz), früherer Staatspräident in Paris. Seine Eltern waren mit der französchen Besatzungsarmee im Rheinland stationiert, sein Vater war Generalinspektor im Finanzinisterium. Valéry durfte, wieder in Frankreich, n der renommierten Pariser *École Polytechnique* udieren und schlug danach zunächst die berufche Laufbahn seines Vaters in der Finanzinspekon ein, bevor es ihn in die Politik zog. Er wurde bgeordneter in der Nationalversammlung, bald taatssekretär und Minister für Finanzen und irtschaftliche Fragen, schließlich von 1974 bis)81 Staatspräsident von Frankreich. Es wurde nur ne Amtszeit, die Wiederwahl scheiterte. Schließch war er noch EU-Parlamentarier. Als *Elder tatesman* kümmerte er sich um Fragen der europäischen Einheit, wurde Präsident des Europäichen Konvents, der die Europäische Verfassung usarbeitet. Aufgrund dieser Tätigkeit bekam er ɔ03 den Karlspreis der Stadt Aachen verliehen, ɔ06 wurde er zum Ehrenbürger seiner Geburtsadt Koblenz ernannt.

Die Mosel begründet die Einteilung des Mittelrheins in einen oberen und einen unteren Teil. Ersterer ist heute besonders geehrt mit dem Titel des UNESCO-Welterbes, letzterer muss in seiner kulturellen Bedeutung keineswegs nachstehen (lag doch über 40 Jahre lang sogar die Hauptstadt des Bundesrepublik an seinen Ufern). Der Obere Mittelrhein ist etwas ganz Besonderes: Hier scheint die Synthese von Kultur und Natur gelungen. Setzen wir uns weiterhin für seinen Schutz ein. Nur was wir kennen, schätzen wir und sind bereit zu schützen!

Das Deutschherrenhaus war die erste Niederlassung des Deutschen Ordens im Rheinland. Aufgrund dessen wurde bald vom Deutschen Eck gesprochen (links). Obwohl Koblenz durch englische Bombergeschwader fast dem Erdboden gleichgemacht wurde, zeigt sich die Stadt, wie hier der Stadtteil St.Josef, in einem geschlossenen historischen Bild (unten).

Weiterführende Literatur

Backes, M. (2003). Burg Pfalzgrafenstein und der Rheinzoll. Regensburg.

Backes, M. & Dollen, B. (1993). Die Marksburg. Bau- und Kunstgeschichte einer rheinischen Burg. Braubach/Rhein.

Bellinghausen, H. (1950). Koblenz an Rhein und Mosel. Ein Heimatbuch. 2000 Jahre Koblenz. Koblenz.

Böckling, M. (2008). Wandern auf dem Rheinsteig und dem Rheinburgenweg. Ostfildern.

Böckling, M. (2008). Koblenz an Rhein und Mosel. Ein Stadtführer. Koblenz.

Börner, K.-H. (1988). Völkerschlacht bei Leipzig 1813. Berlin.

Büchner, C. (2009). Hildegard von Bingen : eine Lebensgeschichte. Frankfurt am Main, Insel-Verlag.

Engelhardt, F.R. (1973). Das Niederwald-Denkmal. Bingen.

Feldtkeller, H. (1965). Die Lahn. Deutsche Lande - Deutsche Kunst. München/Berlin.

Frank, F. (2006). Die Baugeschichte von Pfalzgrafenstein bei Kaub am Rhein. Burgen und Schlösser.

Fuhr, M. (2002): Wer will des Stromes Hüter sein? 40 Burgen und Schlösser am Mittelrhein. Regensburg.

Gensicke, H. (1976). Geschichte der Stadt Braubach. Braubach.

Gormsen, E. (2003). Das Mittelrheintal – Eine Kulturlandschaft im Wandel. Leinpfad, Ingelheim.

Halfer, M. (1997). Loreley - ein Beitrag zur Namendeutung. St. Goar.

Heyen, F.-J. (1988). Der Mittelrhein im Mittelalter. Mittelrhein-Verlag, Koblenz.

Hoffmann, H.C., Keller, D. & Thomas K. (2005). Der Rhein. Unser Weltkulturerbe. Köln.

Imhof, M. & Kemperdick, S. (2004). Der Rhein. Theiss, Stuttgart.

Keune, K. (2007): Sehnsucht Rhein. Rheinlandschaften in der Malerei. Bonn.

Knappe, R. (2000). Mittelalterliche Burgen in Hessen. 800 Burgen, Burgruinen und Burgstätten. Gundensberg-Gleichen.

Krämer, T. (2002). Der romantische Rhein: Die schönsten Ziele zwischen Mainz und Köln. Koblenz.

Losse, M. (2007). Die Lahn, Burgen und Schlösser. Petersberg.

Mißling, H. E. (1997). Boppard. Geschichte einer Stadt am Mittelrhei Boppard.

Monschauer, W. (2000). Kamp-Bornhofen: Die Chronik. Kamp-Bor hofen.

Oswald, A. & Meuser, P. (2009). Luftbildatlas Weltkulturerbe Ober Mittelrhein. Berlin.

Pfotenhauer, A. & Lixenfeld, E. (2006). Oberes Mittelrheintal - Mon mente Edition: Welterbe. Deutsche Stiftung Denkmalschutz, Bonn.

Rieder, H. (1970). Wenzel. Ein unwürdiger König. Wien/Hamburg.

Schnatz, H. (1981). Der Luftkrieg im Raum Koblenz 1944/1945. Mü chen.

Schüler-Beigang, C. (2002): Das Rheintal von Bingen und Rüdeshei bis Koblenz – Eine europäische Kulturlandschaft. Das zentrale We (Dokumentation zum UNESCO-Antrag). Von Zabern, Mainz.

Sperber, C. (2003). Hildegard von Bingen. Eine widerständige Fra Aichach.

Stankowski, M.(2005). Links + Rechts, der andere Rheinreiseführ vom Kölner Dom bis zur Loreley. Kiepenheuer & Witsch, Köln.

Stein, G. (1966). Bauaufnahmen der römischen Befestigung von Bo pard. Saalburg.

Struppmann, R. (1988). Chronik der Stadt Lorch im Rheingau. Lorc

Thon, A. & Czerwinski, M. (2003). Weltkulturerbe Mittelrheintal. K serslautern.

Tittel, L. (1975). Das Niederwald-Denkmal bei Rüdesheim am Rhei Friedrichshafen.

Volkert, H. P. (1993). Das Kaiser-Wilhelm-Denkmal am Deutschen Ec Koblenz.

Walz. D. (1993). Sachsenland war abgebrannt. Leipziger Völkerschlac 1813. Leipzig.

Wengel, T. (2007). Rheinsteig. 24 Tagesetappen von Wiesbaden nac Bonn. München.

Zibell, S. & Bahles, P. J. (2009). Freistaat Flaschenhals: Historisch und Histörchen aus der Zeit zwischen 1918 und 1923. Frankfurt.

Orts- und Burgenregister

Mit freundlicher Unterstützung

593
555
526
Unesco-Welterbe
Oberes Mittelrheintal
Zweckverband

Bibliografische Information der Deutschen Nationalbibliothek
Die Deutsche Nationalbibliothek verzeichnet diese Publikation in der Deutschen Nationalbibliografie; detaillierte bibliografische Daten sind im Internet über http://dnb.d-nb.de abrufbar.

Umschlaggestaltung: Stefan Schmid, Stuttgart, unter Verwendung von Abbildungen des Autors.
Vorderseite: Rheinschleife (oben), Burg Gutenfels
Rückseite: Rheintal bei Trechtingshausen, Talnebel zwischen Kaub und Lorchhausen, Weinhänge bei Rüdesheim, Pfalz bei Kaub.

Bildnachweis: Alle Abbildungen © Franz X. Bogner.

Lektorat: Ulrike Burgi, Köln
Gestaltung und Satz: Medienfabrik GmbH, Stuttgart
Kartografie: Astrid Fischer-Leitl, München
Reproduktion: Medienfabrik GmbH, Stuttgart
Druck und Bindung: Beltz Druckpartner, Hemsbach

ISBN 978-3-8062-2328-6

Besuchen Sie uns im Internet: www.theiss.de

Die älteste Kulturlandschaft Deutschlands

3000 Jahre Rheinische Geschichte: Römerstädte und romanische Kirchen, imposante Burgen und prächtige Schlösser, Napoleon, Adenauer und ehemalige Bundeshauptstadt, aber auch Welterbe und Weingenuss, Kölsch und Karneval. Erleben Sie die wichtigsten Momente dieser historisch und kulturell so reichen Region zwischen Mainz im Süden und Kleve im Norden.

Lebendig und informativ schildert der Autor die Geschichte von den frühen Siedlungen in der Region und der ersten urkundlichen Erwähnung rheinischer Gebiete und Städte bis zur Gegenwart. Er stellt die wichtigsten Stationen, Orte und Prozesse der Geschichte sowie das Leben der Menschen im Rheinland anschaulich dar.

Von Rolf Lohberg
176 Seiten.
ISBN 978-3-8062-2321-7

Mehr unter www.theiss.de

THEISS